Die Bevölkerungs- und Grundbesitzverteilung im Zartum Polen

Von

Dr. Erich Zechlin

Berlin 1916
Druck und Verlag von Georg Reimer

Vorbemerkung.

Die vorliegende statistische Studie ist aus dem Bedürfnis des Augenblicks entstanden und will lediglich die Bevölkerungs- und Grundbesitzverteilung des Königreichs Polen, die beiden Fragen, die ihrer elementaren Bedeutung wegen zunächst von Wichtigkeit sind, näher beleuchten. Es ist eine statistische Untersuchung, die ohne jegliche Tendenz nur Material über die polnischen Verhältnisse beibringen will; auf die politischen Fragen einzugehen, ist ja heute ohnehin noch nicht möglich.

Zugrunde gelegt sind ihr die „Arbeiten des (russischen) Warschauer Statistischen Komitees". Diese Statistik läßt außerordentlich viel zu wünschen übrig; man begegnet im einzelnen so vielen Widersprüchen und offenbar unrichtigen Daten, daß über die Zuverlässigkeit mancher Angaben wohl begründete Zweifel entstehen können. Trotzdem ist eine materielle Kritik dieser Zahlen zurzeit zwecklos; es gibt bis jetzt schlechterdings keine bessere statistische Quelle für die Verhältnisse des Zartums, und man muß die Arbeiten des Warschauer Statistischen Komitees deshalb einstweilen als grundlegend hinnehmen. Um so mehr hat das hier geschehen können, als es heute nicht so sehr darauf ankommt, diese Dinge ganz exakt zu erfassen, als vielmehr eine annähernd richtige Vorstellung von ihnen zu gewinnen, und dazu reichen diese Zahlen aus. — Ein weiterer Übelstand ist die schwere Vergleichbarkeit der einzelnen Erhebungen des Warschauer Komitees; so weichen die Angaben von 1904 und 1909 über den Umfang der Kreise und Gouvernements zusammen um nicht weniger als 45000 Deßjatinen voneinander ab; ein Vergleich der beiden Statistiken wird schon dadurch fast unmöglich. Dazu sind bald die Nutzungsarten des Bodens für den ganzen Kreis, bald nur für einen Teil der Kreisfläche nachgewiesen, bald sind die Majorate im Großgrundbesitz enthalten, bald besonders ausgeworfen, Deßjatinen und Morgen wechseln planlos, schließlich finden sich auch zahlreiche Rechenfehler (die im Folgenden stillschweigend berichtigt sind) — kurz, die Schwierigkeiten, die bei der Benutzung dieser Statistik entstehen, sind nicht gering.

Die Arbeit ist vor der Einnahme Warschaus fertiggestellt. Seitdem ist mir zwar noch neues Material zugänglich geworden, doch habe ich mich zu größeren Änderungen nicht entschließen brauchen. Die Grundbesitzverteilungs-Statistik von 1909 hat gegenüber der von 1904 den großen Mangel, daß sie die Zahl der Kleinbesitzungen nicht nachweist; gerade die Zahl der im Kreise vorhandenen Stellen ist aber für die Erkenntnis der Agrarverhältnisse und der Bevölkerungsdichte besonders wichtig. Die Grundbesitzverteilungs-Statistik von 1904 ist deshalb beibehalten; nur an einigen Stellen sind, um die Entwicklung zu kennzeichnen, die Zahlen von 1909 nachgefügt. Die Zahlen der Bevölkerungsstatistik sind sämtlich nach dem Stande von 1909 gegeben, ebenso die Angaben über den Umfang der Kreise in Anlage I, die also nicht der Kreisfläche entsprechen, wie sie sich aus Anlage II und III ergibt. Im ersten Kapitel und in dem Abschnitt über die Juden habe ich in der Hauptsache den eingehenden und wertvollen Untersuchungen von Grabowski und Wasiutynski, die in den Anmerkungen näher bezeichnet sind, folgen können.

Inhaltsverzeichnis.

I. Die Bevölkerungsverteilung.

Das Zartum Polen ist die am weitesten nach Westen vorgeschobene Grenzmark des russischen Reiches. Die Angaben über seine Größe differieren etwas; berechnet man sie mit dem Warschauer Statistischen Komitee auf 108 180,5 Quadratwerst[1]), so übertrifft sein Umfang nur um ein weniges den der vier preußischen Ostprovinzen Ostpreußen, Westpreußen, Pommern und Posen; diese vier Provinzen sind zusammen 121 648 qkm groß, das Zartum hat einen Umfang von 123 326 qkm[2]); in runden Zahlen kann man die beiden Gebiete also völlig gleichsetzen. An Bevölkerungszahl übertrifft es diese vier preußischen Provinzen aber erheblich; ist doch Polen überhaupt der am dichtesten bewohnte Teil Rußlands. Es wohnten im Zartum am 1. Januar 1905: 11,3 Millionen Menschen oder 104,3 auf der Quadratwerst (oder 91,6 auf dem Quadratkilometer); Ost- und Westpreußen, Pommern und Posen hatten dagegen am 1. Dezember 1905 nur 7,3 Millionen Einwohner oder 60,3 auf dem Quadratkilometer. Diese weit höhere Durchschnittsziffer der Bevölkerung, die in Polen im Vergleich zum preußischen Osten auf den Quadratkilometer kommt, erklärt sich zum Teil durch die Industriezentren Warschau und Lodz und durch den Industriebezirk an der oberschlesisch-westgalizischen Grenze; man kann sie aber nicht allein oder auch nur hauptsächlich darauf zurückführen. Am 1. Januar 1905 hatten weniger als 70 Einwohner auf die Quadratwerst nur 5 Kreise des Gouvernements Suwalki, 4 Kreise des Gouvernements Lomza, 1 Kreis des Gouvernements Plock und 3 an der Ostgrenze des Zartums gelegene Kreise des Gouvernements Siedlec. Von diesen 13 am dünnsten bevölkerten Kreisen des Zartums liegen 10 in dem Gebiet zwischen der ostpreußischen Ost- und Südgrenze und der Niemen—Bobr—Narew-Linie; es ist das sumpf-, seen- und waldreiche Gebiet des Gouvernements Suwalki und des

---

[1]) „Arbeiten des Warschauer Stat. Komitees" (1909), Heft 39, S. 67 (russ.). — (russ.) = in russischer Sprache; (poln.) = in polnischer Sprache.

[2]) Eine Quadratwerst ist gleich 1,138 qkm.

Gouvernements Lomza nördlich des Bobr—Narew, das auch noch in das Gouvernement Plock hineinreicht. Alle übrigen 71 Kreise des Zartums — es gibt im ganzen außer Warschau 84 — haben mehr, zum Teil sehr erheblich mehr als 70 Einwohner auf der Quadratwerst. Einer Bevölkerungsdichte von 70 auf der Quadratwerst entspricht eine Bevölkerung von 62 auf dem Quadratkilometer. In den genannten vier preußischen Ostprovinzen sind aber Kreise (außer den Stadtkreisen), in denen durchschnittlich 62 Menschen auf dem Quadratkilometer wohnen, eine Ausnahme; in ganz Ostpreußen und ganz Pommern gab es 1905 nur je 6 solcher Kreise; in Westpreußen hatten 9 von 26 Kreisen eine stärkere Durchschnittsziffer, im Regierungsbezirk Bromberg waren es 5 von 13, während im Regierungsbezirk Posen von 27 Kreisen allerdings 18 Kreise, die durchweg große polnische Majoritäten haben und in denen zum Teil auch die Kleinbauernwirtschaft stark vertreten ist, mehr als 62 Köpfe auf dem Quadratkilometer aufwiesen. Dabei ist auch Russisch-Polen im ganzen ein agrarisches Land; von den 11,9 Millionen Einwohnern, die das Zartum 1909 hatte, wohnten 8,3 Millionen (69,4%) auf dem Lande, 2,6 Millionen (21,9%) in Städten und 1 Million (8,7%) in Flecken. Freilich verteilt sich nun der städtisch-industrielle Einschlag nicht gleichmäßig über das ganze Land; namentlich im Westen hat sich in den letzten Jahrzehnten eine starke industrielle Entwicklung geltend gemacht, während der Osten seinen rein agrarischen Charakter bewahrt hat. Dadurch sind im Westen die Städte zum Teil schnell gewachsen, was wiederum auf die Bevölkerungsdichte der betreffenden Kreise einen großen Einfluß ausgeübt hat.

Das Zartum Polen läßt sich hinsichtlich dieser industriell-städtischen Entwicklung und der Bevölkerungsdichte in zwei räumlich fast gleichgroße Teile zerlegen: in die 5 Gouvernements links der Weichsel (Warschau [1]), Kalisch, Petrikau, Radom und Kielce) und die übrigen 5 rechts der Weichsel gelegenen Gouvernements

[1]) Die zum Gouvernement Warschau gehörenden Kreise Plonsk, Pultusk, Radzymin und Nowo-Minsk sowie Teile des Kreises Warschau selbst liegen zwar rechts der Weichsel, sind aber mit einbegriffen, wenn im folgenden von den Gouvernements „links der Weichsel" gesprochen wird. — Zu dem ganzen folgenden Kapitel ist besonders benutzt: Edward Grabowski, Städtische Anhäufungen im Königreich Polen (poln.) im Ekonomista XIII. tom. III S. 1—94, XIV. tom. I. S. 19—86, tom. II S. 122—210. Auch als Buch erschienen.

(Plock, Lomza, Suwalki, Siedlec, Lublin). Die ersten 5 Gouvernements links der Weichsel haben einen Umfang von etwas über 54 000 Quadratwerst, auf denen im Jahre 1909 : 7,5 Millionen Einwohner lebten; die 5 Gouvernements rechts der Weichsel haben einen Umfang von nicht ganz 54 000 Quadratwerst; sie hatten aber 1909 nur eine Bevölkerung von 4,3 Millionen Einwohnern. Im einzelnen war die Größe, die Bevölkerung und Bevölkerungsdichte der 10 polnischen Gouvernements im Jahre 1909 folgende:

Name des Gouvernements	Umfang in Quadratwerst	Bevölkerung in Tausend	Prozent der Gesamtbevölkerung	Auf die Quadratwerst kommen .... Köpfe der Bevölkerung	Auf den Quadratkilometer kommen .... Köpfe der Bevölkerung
Links der Weichsel					
Petrikau	10 581	1 902	15,9	179,7	157,9
Warschau [1]	14 791	2 439	20,6	164,9	144,9
Kalisch	9 769	1 206	9,9	123,5	108,5
Kielce	8 550	973	8,2	113,8	100
Radom	10 635	1 070	8,9	100,6	88,4
zusammen	54 326	7 590	63,5	139,7	
Rechts der Weichsel					
Lublin	14 262	1 463	12,3	102,6	90,2
Plock	8 162	681	5,7	83,4	73,3
Siedlec	12 127	944	7,9	77,8	68,4
Lomza	8 636	625	5,2	72,4	63,6
Suwalki	10 668	633	5,3	59,3	52,1
zusammen	53 855	4 346	36,4	80,6	

Es wohnen also in den westlichen Gouvernements fast $^2/_3$ der Gesamtbevölkerung des Zartums; in den östlichen dagegen nur etwas mehr als $^1/_3$. Dies große zahlenmäßige Übergewicht des Gebietes links der Weichsel ist neueren Datums; im Jahre 1872 [2]) wohnten bei einer Gesamtbevölkerung des Zartums von 6,4 Millionen nur 3,6 Millionen oder 55,9 % links der Weichsel und noch 2,8 Millionen oder 44,1% rechts des Flusses. 1893 wohnten in Polen im ganzen 8,2 Millionen; davon entfielen 4,9 Millionen oder

[1]) Die Stadt Warschau ist eingerechnet. Ohne Warschau kommen 113,4 Köpfe auf die Quadratwerst, 99,6 auf den Quadratkilometer; das Gouvernement würde also hinter Kielce folgen.

[2]) Die Einteilung in die heutigen Gouvernements und Kreise stammt aus dem Jahre 1868.

60% auf das Gebiet westlich, 3,3 Millionen oder 40% auf das Gebiet östlich der Weichsel. Es ist also eine ständige Verschiebung zugunsten des Gebiets im Weichselbogen festzustellen. Dementsprechend ist die Bevölkerungsdichte im Weichselbogen schneller gewachsen als rechts der Weichsel; sie betrug, auf die Quadratwerst berechnet:

	links der Weichsel	rechts der Weichsel
1872	65,5	52,1
1893	98,2	65,7
1909	139,7	80,6

Wenn sich so das Schwergewicht der Bevölkerung mehr und mehr nach dem Westen verschoben hat, so liegt die Ursache, wie gesagt, in der industriellen Entwicklung, in dem Vorhandensein einer erheblich stärkeren und verhältnismäßig schneller wachsenden städtischen Bevölkerung; freilich darf man darüber nicht übersehen, daß auch die ländliche Bevölkerung des Westens dichter ist als die des Ostens. Aus folgenden Zahlen wird das für die beiden großen Teile des Zartums deutlich. Es betrug 1909 die Bevölkerung (in Tausenden):

	im ganzen	der Städte	der Flecken	der Städte und Flecken	d. platten Landes
links der Weichsel	7 590	2062	606	2668	4922
rechts der Weichsel	4 345	553	429	982	3363
zusammen	11 935	2615	1035	3650	8285

Links der Weichsel wohnen danach in Städten und Flecken 35% der Bevölkerung gegen 65% auf dem Lande; rechts der Weichsel nur 23% in Städten und Flecken und 77% auf dem Lande. (Die „Flecken" muß man, da sie, wie die Städte, einen starken Prozentsatz jüdischer Bevölkerung haben, mit den Städten und nicht mit dem platten Lande zusammennehmen.) Die städtische Bevölkerung hat sich sodann im Westen erheblich schneller vermehrt als die übrige Bevölkerung, während im Osten ihr Wachstum mit dem der ganzen Bevölkerung ziemlich parallel verlaufen ist.

Im Westen lebten (in Tausenden)

	1893	Prozent der Bevölkerung	1909	Prozent der Bevölkerung
in Städten	1143	(21,4 %)	2062	(27,2 %)
in Flecken	449	(8,4 %)	606	(8 %)

rechts der Weichsel lebten

	1893		1909	
in Städten	453	(13 %)	553	(12,7 %)
in Flecken	333	(9,5 %)	429	(9,8 %)

oder, anders ausgedrückt, von 1893—1909 wuchs

	im ganzen Zartum	links d. Weichsel	rechts der Weichsel
die Gesamtbevölkerung	um 32 %	38 %	23 %
die städt. Bevölkerung	um 48 %	59 %	24 %

Dabei drückt sich die „Verstädterung" in diesen Zahlen noch nicht vollständig aus; es gibt Gemeinden, die weder „Städte" noch „Flecken" sind, aber doch ganz städtischen Charakter tragen und sich gerade in den letzten Jahren außerordentlich entwickelt haben. So ist die Gemeinde Czyste (Kr. Warschau) von 16 000 Einwohnern (1890) auf 71 000 (1909) gewachsen, Radogoszcz (Kr. Lodz) von 19 000 (1890) auf 60 000 (1909), Brudno (Kr. Warschau) von 21 000 (1890) auf 51 000 (1909), Zyrardow (Kr. Blonie) von 19 000 (1890) auf 37 000 (1909) gewachsen usw. Zählt man diese „Ortschaften städtischen Charakters", die sich fast ausschließlich im westlichen Gebiet finden, zu den „Städten" und „Flecken" hinzu, so wächst die städtische Bevölkerung des westlichen Gebiets auf 3 Millionen Köpfe oder 39,7% der Bevölkerung dieses Gebiets, der, wie gesagt, im Osten nur eine städtische usw. Bevölkerung von etwa 1 Million oder 22,5% gegenübersteht.

Gehen wir nun in die einzelnen Gouvernements und Kreise der beiden Hauptteile des Zartums hinein [1]). Was zunächst den Teil links der Weichsel betrifft, so ist die Bevölkerung nicht etwa nur in einigen Bezirken sehr stark massiert, während andere nur dünn bewohnt sind, sondern die im Weichselbogen gelegenen 41 Kreise (also die Kreise der Gouvernements Warschau [außer Nowo-Minsk, Plonsk, Pultusk und Radzymin], Petrikau, Kalisch, Radom und Kielce) sind durchweg dicht besiedelt.

Unter 70 Einwohner auf dem Quadratkilometer hatte hier 1909 nur der Kreis Rawa (Gouv. Petrikau) mit 69,9 Köpfen auf dem Quadratkilometer,

6 Kreise (Sochaczewo, Gostynin, Wloszczowa, Ilza, Kozienice, Opoczno) hatten 70—80 Köpfe auf dem Quadratkilometer;

4 Kreise (Radomsk, Jendrzejow, Konsk und Grojec) 80—90 Einwohner auf dem Quadratkilometer;

8 Kreise zwischen 90—100 Einwohner auf dem Quadratkilometer (Lowicz, Nieszawa, Skierniewice, Turek, Wielun, Kielce, Radom, Petrikau);

[1]) siehe zum Folgenden die Anlage I.

5 Kreise zwischen 100—110 Einwohner auf dem Quadratkilometer (Wloclawek, Slupce, Sieradz, Stopnica, Opatów);

10 Kreise zwischen 110 und 120 Einwohner auf dem Quadratkilometer (Kutno, Lask, Czenstochau, Kolo, Konin, Lenczyca, Sandomierz, Olkusz, Miechow, Pinczow);

3 Kreise zwischen 120 und 130 Einwohner auf dem Quadratkilometer (Blonie, Kalisch, Brzeziny);

1 Kreis 190—200 Einwohner auf dem Quadratkilometer (Warschau-Land);

3 Kreise 200 und mehr Einwohner auf dem Quadratkilometer (Warschau-Stadt, Lodz und Bendzin).

Es ist schwer, zum Vergleich einen zusammenhängenden Bezirk in Preußen zu nennen, dessen Kreise wie das Gebiet im Weichselbogen eine Bevölkerung von 70—120 Köpfen auf dem Quadratkilometer haben, man wird aber etwa auf die Regierungsbezirke Erfurt, Hildesheim, Kassel, Münster verweisen können. Dieses dicht besiedelte Gebiet läßt sich nach der Bevölkerungsdichte wieder in vier Bezirke zerlegen:

1. die Industriebezirke von Warschau und Lodz mit Umgebung;
2. die Kreise an der oberschlesisch-westgalizischen Grenze;
3. die Teile des Gouvernements Petrikau, Kielce und Radom, die zwischen 1 und 2 liegen;
4. das Gouvernement Kalisch und die 4 westlichsten Kreise des Gouvernements Warschau (Nieszawa, Wloclawek, Kutno, Gostynin).

Die Entwicklung der Industriebezirke von Warschau und namentlich von Lodz ist von allen Fragen des Zartums Polen am bekanntesten; sie soll hier nicht geschildert werden. Wohl aber ist es wichtig, den Einfluß, den diese Industriezentren auf die Bevölkerungsdichte der umliegenden Kreise haben, festzustellen. Neben der Stadt Warschau trägt zunächst der Kreis W a r s c h a u völlig städtischen Charakter. Aus der amtlichen Statistik ist das nicht zu erkennen; danach wohnten 1909 in dem Kreise in Städten und Flecken knapp 13 000 Menschen; „in Dörfern" aber über 260 000. In Wirklichkeit entfielen 1909 von dieser „ländlichen Bevölkerung" auf die Fabrikorte Czyste, Brudno und Mokotow schon allein 150 000 Menschen! Weiter nach Osten macht sich, um das gleich hier einzufügen, der Einfluß Warschaus namentlich auf den Kreis Nowo-Minsk geltend, der östlich an den Kreis Warschau grenzt und in dem 1890 erst 72,9 Köpfe auf der Quadratwerst wohnten, 1909 schon 107,6. Ebenso scheint Warschau auch noch die beiden nördlich angrenzenden Kreise Plonsk und Pultusk zu beeinflussen, während der südlich von Pultusk liegende Kreis Radzymin, der auch noch zum Gouvernement Warschau gehört, einen nennenswerten Einfluß Warschaus nicht mehr erkennen läßt.

In der Hauptsache aber hat sich der Einfluß Warschaus nach Südwesten zu, in der Richtung nach Lodz, entlang der Warschau—Wiener Bahn, ausgedehnt. Von dieser Seite grenzt an Warschau der Kreis Blonie an. Er ist nach Warschau, Lodz und Bendzin der am dichtesten bewohnte Kreis des Zartums (154,5 Menschen auf der Quadratwerst); 1872 nahm er mit 69,7 Menschen auf der Quadratwerst nach der Bevölkerungsdichte erst die 17. Stelle ein. Von der „Dorfbevölkerung" des Kreises ist vor allem der Fabrikort Zyrardow (der weder „Stadt" noch „Flecken" ist) abzusetzen, der 1909 37 000 Einwohner hatte (1890 erst 19 000 Einwohner); außerdem hatten schon 1905 zwischen 10- und 13 000 Einwohner die Gemeinden Grodzisk, Mlochow und Radziejewice, so daß man diesen Kreis mindestens halb städtisch nennen muß [1]). Folgt man der Warschau—Wiener Bahn weiter südwestlich, nach Lodz zu, so schließt sich an den Kreis Blonie der Kreis Skierniewice an; er liegt in der Mitte zwischen den beiden Zentren Warschau und Lodz und von beiden schon ziemlich weit entfernt. Er ist nicht so dicht besiedelt, hat aber immerhin noch 106,2 Menschen auf der Quadratwerst und hat ebenfalls ein schnelles Wachstum der Bevölkerungsdichte aufzuweisen: 1872 kamen erst 59, 1890 : 79,4 Menschen auf die Quadratwerst. Doch ist eine schnelle industrielle Entwicklung nur bei der Stadt Skierniewice und namentlich bei der anschließenden Gemeinde Skierniewka festzustellen; beide zählten 1890 zusammen 15 000 Einwohner, 1909 schon 29 000. Eine

[1]) In den Kreisen Warschau und Blonie ist die „nicht ständige" Bevölkerung sehr groß; im Kreise Warschau betrug sie 1905 (s. Arbeiten des Warschauer Stat. Komitees Heft 23 [russ.]) 123 000 von 245 000 im ganzen, im Kreise Blonie 42 000 von 135 000. Charakteristischerweise ist die „nicht ständige" Bevölkerung in den Fabrikorten besonders groß; in Zyrardow zählte sie z. B. 1905 nicht weniger als 25 000 bei einer damaligen Gesamtbevölkerung von 35 000. Zum guten Teil sind dies landlose Bauern, die in den Fabriken so lange arbeiten, bis ihre Ersparnisse zum Erwerb eines Grundstücks reichen. Siehe auch W. Grabski, Materialien zur Bauernfrage S. 37 (poln.).

ganz ähnliche Entwicklung zeigt der nördlich an Skierniewice angrenzende Kreis Lowicz, der ebenfalls unmittelbar weder an den Kreis Warschau noch an Lodz anstößt. In ihm wohnten auf der Quadratwerst 1872: 62, 1890: 83, 1909: 106 Menschen. Die Stadt Lowicz hat sich zwar nur wenig entwickelt (von 9000 Einwohnern [1890] auf 14 000 [1909]), aber es hatten schon 1905 nicht weniger als 5 „Gemeinden" des Kreises zwischen 9000 und 13 000 Einwohner: Borkow, Bielawy, Dombrowice, Jeziorko, Kompina und Lyszkowice; über ihren wirtschaftlichen Charakter fehlen neuere Angaben; doch hatten die drei letztgenannten schon in den achtziger Jahren nennenswerte gewerbliche Betriebe. Immerhin drücken diesen beiden Kreisen in der Hauptsache doch die ländlichen Verhältnisse den Charakter auf.

Eine Sonderstellung nimmt in dem hier besprochenen Gebiet der Kreis Sochaczewo ein. Er grenzt von Norden an die Kreise Lowicz und Blonie, von Osten sogar an den Kreis Warschau selbst an; er gehört aber trotzdem zu den am dünnsten besiedelten Kreisen im Weichselbogen und hat fast gar keine Zunahme seiner Bevölkerungsdichte erfahren (1890: 80,2 Einwohner auf der Quadratwerst, 1909: 83,0). Von einer industriellen Entwicklung ist in ihm nichts zu spüren; offenbar wird der Geburtenüberschuß der ländlichen Bevölkerung von den nahen Industriezentren aufgesogen.

Wir kommen nun zu dem zweiten Industriezentrum, Lodz. Der Kreis Lodz trägt wie der Kreis Warschau ganz großstädtischen Charakter, nur 11,6% der Bevölkerung sind wirklich als Landbevölkerung anzusprechen; die meisten Gemeinden und Flecken des Kreises sind Fabrikorte. Die größten davon sind: Radogoszcz (im Jahre 1909 60 000 Einwohner), Choiny (18 000), Zgierz (18 000), Konstantynow (12 000), Alexandrowo (10 000) usw. Der Einfluß des Kreises Lodz macht sich naturgemäß in der Hauptsache in der Richtung auf Warschau zu geltend, also im Kreise Brzeziny. Die Bevölkerung dieses Kreises hat sich seit 1872 genau verdoppelt; 1872 kamen 70,2 Einwohner auf die Quadratwerst, 1890: 107,6, 1909: 140,6; ganz so schnell wie im Kreise Blonie ist also hier die Bevölkerung nicht gestiegen. Die Industrie hat sich nicht an die Kreisstadt Brzeziny angeschlossen, deren Einwohnerzahl von 3000 (1872) auf 15 000 (1910) wuchs, sondern namentlich an Tomaszow Piotrkowski, das 1890 noch 18 000 Einwohner, 1909 27 000, 1912 sogar schon 37 000 Einwohner hatte, und an die dicht daneben gelegene Gemeinde Łaziſko mit dem Flecken Ujazd, deren Einwohnerzahl von 8000 Einwohnern (1890) bis 1909 auf 17 000 ſtieg.

Die übrigen um Lodz herumliegenden Kreiſe Laſk, Lenczyca und auch noch Sieradz zeigen gleichfalls einen nicht zu überſehenden induſtriellen Einſchlag, wenn auch nicht in dem Maße wie der Kreis Brzeziny. Im Kreiſe Laſk macht ſich namentlich der Einfluß der Entwicklung von Pabianice geltend, das 1890 nur 13 000 Einwohner, 1909 aber 37 000 Einwohner hatte; im Kreiſe Lenczyca fällt, während die Bevölkerung der gleichnamigen Kreisſtadt ſeit 1890 kaum geſtiegen iſt, die Entwicklung Ozorkows ins Gewicht, das von 10 000 Einwohnern (1890) auf 17 000 (1909) geſtiegen iſt [1]. Schließlich iſt aus dem Kreiſe Sieradz die Entwicklung von Zdunſka Wola hervorzuheben, das 1890 erſt 10 000 Einwohner, 1909 aber ſchon 22 000 hatte [2]. Die Bevölkerungsdichte dieſer drei Kreiſe iſt ſchnell gewachſen; es kamen auf die Quadratwerſt:

	1872	1890	1909
im Kreiſe Laſk	75,2	95,9	131,3
im Kreiſe Lenczyca	83,1	91,8	130,6
im Kreiſe Sieradz	70,2	90,2	122,0

Die Landbevölkerung dieſer drei Kreiſe hat ſich von 1893—1909 um 30%, die der Städte und Flecken um 50% vermehrt. Doch betrug die Bevölkerung der Städte und Flecken (die genannten Hauptinduſtrieorte dieſer Kreiſe ſind ſämtlich Städte) 1909 im Kreiſe Laſk zwar 34%, in den Kreiſen Lenczyca und Sieradz aber nur 24%, ſo daß alſo jedenfalls dieſe beiden letzten, zum Gouvernement Kaliſch gehörenden Kreiſe trotz des induſtriellen Einſchlags als ländliche angeſehen werden müſſen, ſelbſt wenn noch außerdem einzelne Gemeinden induſtriellen Charakter haben ſollten.

Der dritte Induſtriebezirk in Ruſſiſch-Polen, der freilich an Bevölkerungszahl hinter Warſchau und Lodz erheblich zurückbleibt, liegt in den Kreiſen Bendzin und Czenſtochau, namentlich im Kreiſe Bendzin. Der Kreis Bendzin gehörte infolge ſeiner Grundbeſitzverteilung immer zu den am dichteſten bevölkerten Kreiſen des Zartums; 1872 kamen 82,4 Köpfe auf die Quadratwerſt, 1890: 149,6.

[1]) Vielleicht auch der Flecken Piontek, doch fehlen mir Zahlen über ſeine Entwicklung.

[2]) Wieweit in dieſem Kreiſe die Flecken Zloczew und Szadek ſich in Fabrikorte verwandelt haben, muß dahingeſtellt bleiben.

Heute trägt er wohl ganz überwiegend industriell-städtischen Charakter, Bendzin selbst hatte 1909: 46 000 Einwohner, Sosnowice 81 000[1]), die Gemeinde Gornicza mit Dombrowa Gornicza, wo schon 1796 unter preußischer Regierung[2]) eine Kohlengrube entstand, 36 000, Olkuszko-Siewierska 26 000 Einwohner, Kromolow mit Zawiercie 29 000 Einwohner usw.

Das zweite Zentrum ist Czenstochau, das mit den umliegenden Ortschaften, namentlich Huta Stara, schon 1909 fast 100 000 Einwohner hatte. Ein Einfluß dieses Czenstochauer Bezirks auf die umliegenden Kreise ist, im Gegensatz zu Lodz, nicht zu spüren; der nördlich anschließende Kreis Wielun, der zum Kalischer Gouvernement gehört, ist fast am dünnsten von allen Kreisen dieses Gouvernements besiedelt; die weiter an Czenstochau grenzenden Kreise Nowo-Radomsk und Wloszczawa haben gleichfalls nur eine verhältnismäßig dünne Bevölkerung.

Wohl aber übt der Industriebezirk Bendzin-Sosnowice auf den östlich an ihn anschließenden Kreis Olkusz seinen Einfluß aus. Ortschaften wie Pilica und Ogrodzieniec (26 000 Einwohner), Slawkow (20 000 Einwohner), Wolbrom (15 000 Einwohner), Jangrot (14 000 Einwohner) usw. geben der Bevölkerung dieses Kreises einen starken industriellen Einschlag und haben sie schnell anwachsen lassen. Die Bevölkerungsdichte betrug 1872: 75,6, 1890: 90,4 und 1909: 130,6 Köpfe auf der Quadratwerst. Allerdings sind die nach Osten anschließenden, sich an der galizischen Grenze hinziehenden Kreise Miechow, Pinczow, Stopnica, Sandomierz und auch Opatow nicht weniger dicht besiedelt, sie zeigen auch einen schnellen Bevölkerungszuwachs; doch ist die Ursache (abgesehen vielleicht von Opatow) hier ausschließlich die Fruchtbarkeit des Bodens, die Grundbesitzverteilung und die Entwicklung der Landwirtschaft. In diesen Kreisen wohnten auf der Quadratwerst:

	1872	1890	1909
Miechow	66,6	90,8	130,6
Pinczow	81,8	104,8	137,7
Stopnica	67,4	89,2	117,4
Sandomierz	81,2	93,8	128,9
Opatow	65,3	79,5	123,1

[1]) 1912: 114 000.

[2]) Die Kreise Bendzin und ein Teil von Olkusz (bis an die Pilica) gehörten von 1795—1806 als „Neuschlesien" zu Preußen.

Größere Städte gibt es in diesem Gebiet gar nicht; nur Ostrowiec im Kreise Opatow und Pinczow (Kr. Pinczow) haben 13 000 bzw. 10 000 Einwohner. Von 1893—1909 hat sich die Bevölkerung in Stadt und Land in diesen Kreisen ziemlich gleichmäßig vermehrt: auf dem Lande um 29%, in den Städten und Flecken um 32%. Und in runden Zahlen betrug der Anteil der auf dem Lande lebenden Bevölkerung an der Gesamtbevölkerung sowohl 1893 wie auch 1909 79%. Die Bevölkerung der Städte und Flecken macht im Kreise Sandomierz 29% aus, in Opatow 25%, in Stopnica 20%, in Pinczow 18%, in Miechow 11%. Abgesehen von Opatow, wo sich im Tal der Kamienna ein verhältnismäßig umfangreiches metallurgisches Gewerbe findet und wo der industrielle Einschlag in Wirklichkeit wohl stärker ist, als es hiernach scheint, spiegeln diese Zahlen das Bild jedenfalls richtig wider. Wir haben hier also überwiegend ländliche und dabei doch sehr stark besiedelte Kreise vor uns; in allen diesen Kreisen wohnen mehr als 100 Köpfe auf dem Quadratkilometer.

Dünner als die Gebiete von Warschau und Lodz einerseits und der ganze Südrand des Zartums von Czenstochau bis Opatow andrerseits ist das zwischen diesen beiden Bezirken liegende Gebiet besiedelt, das aus den Kreisen Petrikau, Nowo-Radomsk und Wloszczawa des Gouvernements Petrikau und den nördlicheren Kreisen der Gouvernements Kielce und Radom besteht. Es ist der Teil in Polen links der Weichsel, der überhaupt verhältnismäßig am dünnsten besiedelt ist. In ihm ist wiederum der Westen schwächer bewohnt als der Osten. Zum Westen rechnen wir die 6 Kreise R a d o m s k, W l o s z c z a w a, P e t r i k a u, K o n s k, O p o c z n o und R a w a; hier liegen die beiden Kreise Wloszczawa und Rawa, die 1909 mit 71,2 bzw. 69,9 Köpfen auf dem Quadratkilometer oder mit ungefähr 80 Köpfen auf der Quadratwerst überhaupt am dünnsten im Weichselbogen bevölkert waren. Diese 6 Kreise stellen die Verbindung her zwischen Warschau—Blonie und Lodz—Brzeziny einerseits und Bendzin—Czenstochau andrerseits; sie liegen zwischen den beiden Hauptindustriegebieten und zeigen zwar sämtlich einen Zuwachs der Bevölkerungsdichte, der aber doch erheblich langsamer ist als in andern ländlichen Kreisen des Zartums; vielleicht trägt die geschilderte geographische Lage dieser 6 Kreise dazu bei, einen erheblichen Teil ihres Bevölkerungszuwachses in die Industriezentren abfließen zu lassen.

Die Bevölkerungsdichte dieser Kreise betrug auf die Quadratwerst:

	1872	1890	1909
Petrikau	66,2	84,4	106,2
Radomsk	56,9	72,6	92,4
Konsk	59,7	69,4	92,0
Opoczno	52,6	62,6	86,4
Wloszczawa	46,8	57,6	81,0
Rawa	54,2	63,8	79,6

Die ländliche Bevölkerung dieses Gebiets ist von 1893—1908 nur um 22% gewachsen, die städtische um 39%; im Verhältnis zur Gesamtbevölkerung ging die ländliche Bevölkerung von 79% (1893) auf 76% (1909) zurück. Im Kreise Petrikau, der von ihnen am dichtesten bewohnt ist und auch den größten Zuwachs zeigt, ist der Einfluß der gleichnamigen Gouvernementshauptstadt zu berücksichtigen, die von 24 000 (1890) auf 38 000 Einwohner (1909) wuchs. Im Kreise Radomsk hatte die Kreisstadt (Nowo-Radomsk) fast 19 000 Einwohner; der Kreis Konsk hat drei Städte mit je 8000 Einwohnern; in den übrigen drei Kreisen beträgt die städtische Bevölkerung nicht 10 000. Auf die Städte und Flecken dieser Kreise entfallen in Petrikau 30% der Bevölkerung, in Konsk 34%, in Rawa 21% und in Nowo-Radomsk, Opoczno und Wloszczawa je 18% der Bevölkerung. Die verbleibende ländliche Bevölkerung wird bei der geringen gewerblichen Entwicklung dieser Kreise in der Hauptsache auch wohl den landwirtschaftlichen Beruf ausüben.

Etwas dichter sind die östlich anschließenden Kreise der Gouvernements Kielce und Radom (Jendrzejow, Kielce, Radom, Ilza, Kozienice) und der zum Gouvernement Warschau gehörige Kreis Grojec besiedelt; freilich stehen sie hinter dem Südrande des Zartums erheblich zurück. Die Bevölkerungsdichte dieser 6 Kreise betrug auf die Quadratwerst:

	1872	1890	1909
Kielce	57,3	74,5	110,4
Jendrzejow	48,0	64,7	92,5
Radom	56,3	71,9	110,1
Ilza	40,9	67,7	89,1
Kozienice	49,3	67,8	85,7
Grojec	57,8	70,1	97,8

In den Kreisen Kielce und Radom fallen die beiden gleichnamigen Gouvernementshauptstädte stark ins Gewicht; beide zeigen eine schnelle

Entwicklung. Kielce hatte 1890 17 000 Einwohner, 1909 schon 31 000 Einwohner; außerdem liegen um die Stadt herum volkreiche Gemeinden wie Samsonow (12 000 Einwohner) und Suchedniow (11 000 Einwohner). Radom hat eine noch schnellere Entwicklung durchgemacht; seine Einwohnerzahl stieg von 16 000 (1890) auf 40 000 (1909). Abgesehen von der Industrie, die in diesen beiden Städten vorhanden ist, ist in diesem Bezirk von einer industriellen Entwicklung nichts zu spüren; namentlich die Kreise Jendrzejow, Ilza — in diesen beiden gibt es keine einzige Stadt — und Kozienice zeigen rein ländlichen Charakter. Auch die beiden Städte des Kreises Grojec (Grojec und Warka) sind unbedeutend; ob bei der Nähe von Warschau und Blonie im übrigen in diesem Kreise Industrie vorhanden ist, muß dahingestellt bleiben. Im ganzen ist in diesen Kreisen die auf dem Lande lebende Bevölkerung nur von 79% (1893) auf 77% (1909) gesunken.

Einen weiteren besonderen Bezirk bildet das Gouvernement Kalisch und die 4 zwischen ihm und der Weichsel gelegenen westlichsten Kreise des Gouvernements Warschau: Nieszawa, Wloclawek, Kutno und Gostynin. Dieses ganze Gebiet ist nach den spezifischen Industriebezirken und neben dem schon besprochenen Südrand des Zartums die am dichtesten bevölkerte Gegend des Zartums überhaupt; nur die Kreise Wielun (97), Turek (95,1), Nieszawa (92,5) und Gostynin (76,9) hatten hier 1909 weniger als 100 Köpfe auf dem Quadratkilometer. Allein das Gouvernement Kalisch wies 1909 fast die gleiche Bevölkerung auf wie der Regierungsbezirk Posen (Kalisch 1,2 Millionen, Posen 1,3 Millionen), obwohl dem Umfange nach das Gouvernement Kalisch ganz erheblich kleiner ist als der Regierungsbezirk Posen (Kalisch 11 150 qkm, Posen 17 530 qkm). Dabei trägt auch dies Gebiet, wie die stark bevölkerten Kreise des Südrandes, durchaus ländlichen Charakter. Industriellen Einschlag zeigen nur die schon erwähnten beiden Kreise Lenczyca und Sieradz; ferner ist die Entwicklung der Stadt Kalisch hervorzuheben, die 1890 erst 20 000 Einwohner, 1904 auch noch 28 000, 1909 dagegen schon 47 000 Einwohner hatte. Außerdem fällt noch Wloclawek ins Gewicht, das 1890 noch 20 000 Einwohner, 1909 schon 33 000 Einwohner hatte; immerhin ist sein Wachstum erheblich langsamer und mehr dem Wachstum der ganzen Gegend parallel gegangen als Kalisch. Im übrigen aber haben diese Kreise rein ländlichen Charakter; der Kreis Kutno z. B., der hier nach dem Kreise Kalisch und dem zum Teil industriellen Kreise Lenczyca am dichtesten besiedelt ist (127,5 Köpfe auf der Quadratwerst oder 112,0 auf dem Quadratkilometer), hat neben der Kreisstadt Kutno (1890: 10 000 Einwohner, 1909: 14 000 Einwohner) nur die Flecken Zychlin (1909: 5000 Einwohner), Dombrowice (3000 Einwohner) und Krosniewice (2000 Einwohner) aufzuweisen; sonst gibt es hier größere Ortschaften nicht. In den übrigen Kreisen ist es nicht anders; von den Kreisstädten hatte 1909 keine über 10 000 Einwohner, und von den außer ihnen in diesem ganzen Bezirk noch vorhandenen 5 Städten (Gombin, Brzesc Kujawski, Dombie, Blazki, Warta) hatte die größte (Gombin) auch nur 6100 Einwohner. Außerdem zähle ich in diesem Bezirk noch 5 Flecken, die 1909 über 5000 Einwohner hatten: Wieruszow und Dzialoszyn, jeder zwischen 8000 und 9000 Einwohner, beide im Kreise Wielun; Kowal (Kr. Wloclawek) mit 6000—7000 Einwohnern und Pysdry (Peisern) und Zagorow (beide Kreis Slupce) mit je 5000—6000 Einwohnern. Demgemäß ist der Prozentsatz der Bevölkerung der Städte und Flecken in allen diesen Kreisen nur gering; er beträgt nur in Wloclawek 39% und in Kalisch 36%; dagegen beträgt er selbst in Lenczyca und Sieradz nur 24% bzw. 23% — wenigstens für Lenczyca wird man freilich die industriell-gewerbliche Bevölkerung höher annehmen müssen. In den übrigen Kreisen entfallen auf die Städte und Flecken (1909): in Kutno 24%, in Kolo 22%, in Slupce 21%, in Wielun 20%, in Turek und Gostynin 17%, in Konin 16% und in Nieszawa 11%; überall überwiegt hier die landwirtschaftliche Bevölkerung also stark, und man muß die dichte Besiedlung dieses Gebiets auf ihre Rechnung setzen.

Wie die stark besiedelten Kreise des Südrandes, so zeigt auch diese Nordwestecke des Landes im Weichselbogen eine schnelle Zunahme der Bevölkerungsdichte; der fruchtbare Boden, die Intensität der Landwirtschaft und vor allem die Grundbesitzverteilung sind auch hier die Ursache. Es wohnten auf der Quadratwerst:

	1872	1890	1909
Kreis Kalisch	82,8	94,1	145,5
„ Lenczyca	83,1	91,8	130,6
„ Kutno	85,0	109,1	127,5
„ Konin	73,5	89,8	125,9
„ Slupce	66,0	84,3	123,0

	1872	1890	1909
Kreis Sieradz	70,2	90,2	122,0
„ Wloclawek	66,9	83,0	118,6
„ Wielun	57,7	75,2	110,4
„ Turek	75,3	85,7	108,2
„ Nieszawa	58,8	72,6	105,3
„ Gostynin	69,3	78,2	87,5

Daß der Kreis Lenczyca jetzt den früher dichter besiedelten Kreis Kutno überholt hat, liegt an dem mehrfach erwähnten industriellen Einschlag dieses Kreises. Der Kreis Gostynin fällt mit seiner verhältnismäßig dünnen Bevölkerung, die auch nur langsam gewachsen ist, aus dem Rahmen der übrigen Kreise heraus. Im ganzen Gouvernement Kalisch hat sich zwar von 1893—1909 die Bevölkerung der Städte und Flecken um 48%, des Landes nur um 36% vermehrt; doch ist das eine Folge der Entwicklung der Stadt Kalisch usw., in den rein ländlichen Kreisen ist das Verhältnis umgekehrt: im Kreise Konin wuchs z. B. von 1893—1909 die Landbevölkerung um 36%, die der Städte und Flecken um 26%, in Slupce waren die Zahlen 39% und 30% usw.; im ganzen Gouvernement Kalisch hat sich die ländliche Bevölkerung von 1893—1909 auch nur von 78,8%, auf 77,6% vermindert.

Fassen wir die Bevölkerungsverhältnisse im Weichselbogen noch einmal kurz zusammen, so ergibt sich aus dem Angeführten das Folgende: Dieser ganze Teil des Zartums ist stark bevölkert; nur ein kleiner Teil seiner Kreise weist als niedrigste Ziffer 70—80 Köpfe auf dem Quadratkilometer auf. Durchweg mehr als 100 Köpfe auf dem Quadratkilometer weisen auf 1. die von den Industriebezirken Warschau und Lodz beeinflußten Kreise, 2. die teils industriellen, teils ländlichen Kreise an der oberschlesisch-westgalizischen Grenze und 3. der von der preußischen Grenze und der Weichsel etwa bis Lodz reichende Nordwesten. Dünner besiedelt, aber (bis auf zwei Ausnahmen) auch in jedem Kreise eine Bevölkerungsdichte von 75 bis 100 Köpfen auf dem Quadratkilometer aufweisend, ist die Mitte des Landes; also die Kreise Petrikau, Nowo-Radomsk und Rawa vom Gouvernement Petrikau sowie die nördlicheren Kreise der Gouvernements Kielce und Radom.

Wir wenden uns nun dem Teile des Zartums zu, der östlich der Weichsel liegt und, wie wir schon sahen, im ganzen erheblich dünner bevölkert ist und auch bei weitem nicht in dem Maße wie der Westen städtisch-industriellen Einschlag zeigt. Der Osten läßt sich wieder in drei Teile zerlegen:

1. das dicht besiedelte Gouvernement Lublin,
2. die drei Gouvernements Plock, Lomza und Siedlec und
3. das dünn besiedelte Gouvernement Suwalki.

Das Gouvernement Lublin steht an Bevölkerungsdichte nicht hinter den Gouvernements im Weichselbogen zurück; es ist noch dichter besiedelt als das westliche Gouvernement Radom (102,6 Köpfe auf die Quadratwerst gegen 100,6). Alle Kreise, bis auf Zamosc (80,2), Janow (77,7) und Bilgoraj (72,4) haben mehr als 80 Köpfe auf dem Quadratkilometer; zwei Kreise, Lublin (116,1) und Pulawy (Nowo-Aleksandria) (108,6), sogar über 100. Auch die Entwicklung ist durchweg schnell vor sich gegangen, wie folgende Tabelle zeigt. Es wohnten auf der Quadratwerst:

	1872	1890	1909
Lublin	60,6	89,7	132,2
Pulawy	61,3	80,1	123,6
Chelm	40,9	67,0	102,2
Hrubieszow	54,1	77,6	106,1
Tomaszow	57,3	74,7	104,5
Lubartow	53,0	71,7	101,0
Krasnystaw	47,0	71,4	94,3
Zamosc	48,0	68,0	91,3
Janow	44,8	59,6	88,4
Bilgoraj	54,3	64,5	82,4

Die nordwestlichen Kreise Lublin, Pulawy und Chelm zeigen also die schnellste Entwicklung. Das hängt augenscheinlich mit der Tatsache zusammen, daß diese Kreise von der Eisenbahn Iwangorod—Lublin—Chelm durchschnitten werden. Das ganze Gouvernement ist ebenso wie das Gouvernement Kalisch überwiegend ländlichen Charakters; 1909 betrug die Bevölkerung der Städte und Flecken dort nur 355 000 bei einer Gesamtbevölkerung von 1 463 000; der Zuwachs der Gesamtbevölkerung des Gouvernements von 1893—1908 betrug 35%, der der Städte und Flecken in gleichem Zeitraum 36%; von einer besonderen städtischen Entwicklung, die die Bevölkerungsdichte des Gouvernements beeinflußt hätte, kann man also hier nicht sprechen; vielmehr hat sich die städtische Bevölkerung ungefähr im selben Verhältnis wie die Gesamtbevölkerung vermehrt. Auf dem Lande wohnten 1893: 75,9% der Gesamtbevölkerung, 1909: 80%. Die größte Stadt hier, Lublin, die 1890 schon 48 000 Einwohner hatte und nur von Warschau und Lodz übertroffen wurde, hatte 1909: 62 000 Einwohner; Czenstochau und Sosnowice und auch die „Gemeinde" Czyste bei Warschau haben es inzwischen überflügelt. Der nächst Lublin am dichtesten besiedelte Kreis des Gouvernements, Pulawy, weist keine größere Stadt auf; die Kreisstadt Pulawy hatte 1909 nur 8900 Einwohner; jedoch wohnten in den Flecken 43 305 Einwohner, so daß auf Städte und Flecken zusammen doch 43% der Gesamtbevölkerung kamen. Wir werden noch sehen, daß in diesen Flecken und überhaupt in den Flecken des Gouvernements eine dichte jüdische Bevölkerung sitzt. Die übrigen größeren Städte des Gouvernements zeigen ebenfalls das Bild einer langsameren Entwicklung als die Städte des Westens:

	1890	1909
Chelm	11 000	18 000
Zamosc	9 000	14 000
Hrubieszow	9 000	16 000

Auch in diesen drei Kreisen entfallen aber auf Städte und Flecken zusammen (1909) nur: in Chelm 18%, in Zamosc 22% und in Hrubieszow 27% der Bevölkerung; in den übrigen Kreisen ist das Übergewicht des Landes noch größer.

Eine erheblich dünnere Bevölkerung und auch einen erheblich langsameren Bevölkerungszuwachs als Lublin haben die Gouvernements Plock, Lomza und Siedlec aufzuweisen. Von ihnen ist am dichtesten besiedelt das Gouvernement Plock, von dessen 7 Kreisen nur 3 unter 70 Einwohner auf den Quadratkilometer haben (Ciechanow [68,2], Lipno [67,9] und Przasznysz [57,6]); Kreis Plock hat 93,9, die Kreise Mlawa und Sierpec 77,9, Rypin 71. Die Bahn Mlawa—Nowogeorgijewsk, die die Kreise Mlawa und Ciechanow durchschneidet, übt ihren Einfluß aus, die Kreise Lipno und Rypin leiden unter dem gänzlichen Mangel einer Bahn, während Mlawa sich dadurch gut entwickelt; die Stadt hatte 1890: 10 000 Einwohner, 1909: 17 000 Einwohner. Für dünn besiedelt darf deshalb nach ostdeutschen Begriffen auch dies Gouvernement nicht angesehen werden; es kommen immerhin noch 73,3 Köpfe auf den Quadratkilometer. Aber die Zunahme der Bevölkerungsdichte ist erheblich langsamer als im Westen und in Lublin, was, abgesehen von dem Fehlen einer industriellen Entwicklung, auch in der Grundbesitzverteilung seine Ursache hat. Es kamen auf die Quadratwerst:

	1872	1890	1909
Plock	71,6	90,7	106,9
Sierpec	56,0	70,3	88,7
Mlawa	44,9	61,7	88,7
Ciechanow	52,3	67,1	77,6
Rypin	52,3	59,6	81,2
Lipno	53,0	60,6	77,3
Przasznysz	43,8	51,4	65,5

Von Städten ist außer Mlawa nur noch Plock bedeutend; es hatte 1890 24000 Einwohner, 1909: 31000 Einwohner. Von den Kreisstädten hatte 1909 nur noch Przasznysz über 10000 Einwohner (10583). Auf Städte und Flecken entfielen 1893: 16% der Gesamtbevölkerung, 1909: 21%. Der Kreis Przasznysz an der ostpreußischen Grenze bildet schon den Übergang zu den dünner bevölkerten Kreisen des Gouvernements Lomza.

Hinsichtlich der Bevölkerungsdichte folgt auf das Gouvernement Plock das Gouvernement Siedlec (77,8 Köpfe auf der Quadratwerst oder 68,4 auf dem Quadratkilometer gegen 83,4 auf der Quadratwerst oder 73,3 auf dem Quadratkilometer in Plock). In den einzelnen Kreisen wohnten auf der Quadratwerst:

	1872	1890	1909
Garwolin	64,5	70,1	100,3
Wengrow	57,3	62,0	85,9
Siedlec	53,7	65,3	84,7
Radzyn	57,9	56,7	76,7
Biala	55,4	54,3	75,7
Lukow	44,6	56,7	77,0
Sokolow	53,5	60,4	73,3
Konstantynowo	42,0	46,8	64,5
Wlodawa	40,7	46,9	65,1

Erheblich dichter als die übrigen Kreise ist hier also der Kreis Garwolin bevölkert (100,3 Köpfe auf der Quadratwerst oder 88,1 auf dem Quadratkilometer). Die beiden Städte des Kreises sind nicht groß. Zelechow hatte 1909: 7600 Einwohner, Garwolin 4800; die Landbevölkerung machte 1909 80% aus. Der an Minsk Mazowiecki nordöstlich anschließende Kreis Wengrow, der gleichfalls zum Gouvernement Siedlec gehört, ist ebenfalls dichter besiedelt als die übrigen Kreise seines Gouvernements; die Kreisstadt Wengrow hatte 1909 nur 11000 Einwohner, in Flecken lebten nur 3000; das sind nur 14%

der Gesamtbevölkerung; bei der Nähe Warschaus wird man vielleicht in diesen beiden Kreisen nicht die ganze „Landbevölkerung" als Landbau treibende Bevölkerung ansehen dürfen. Im übrigen ist das Gouvernement an Städten verhältnismäßig reich; über 10 000 Einwohner hatten 1909: Siedlec 23 000 Einwohner (1890: 14 000), Biala 13 000 Einwohner, Miendzyrzecz (Kreis Radzyn) 13 000 Einwohner, Wengrow: 11 000 Einwohner, Wlodawa 11 000, Sokolow 11 000, Lukow 10 000 Einwohner; immerhin kamen auf Städte und Flecken nur 23% der Gesamtbevölkerung.

Wiederum dünner bevölkert als Siedlec ist das Gouvernement Lomza, das sich östlich an Plock anschließt und von dem die drei nördlichsten Kreise an die ostpreußische Grenze stoßen. In Lomza wohnten 1909 nur 72,4 Menschen auf der Quadratwerst oder 63,6 auf dem Quadratkilometer. Die Kreise des Gouvernements Lomza zeigen ebenfalls durchgehends nur eine langsame Entwicklung der Bevölkerungsdichte; es wohnten auf der Quadratwerst:

	1872	1890	1909
Lomza	53,0	64,5	81,3
Mazowiecki	53,4	56,1	76,7
Makow	51,9	57,8	74,2
Ostrow	49,8	64,5	73,8
Ostrolenka	44,9	53,4	70,2
Szczuczyn	41,7	47,0	63,4
Kolno	51,0	57,4	65,2

Größere Städte sind nur Lomza, Ostrow und Ostrolenka. Lomza hatte 1909: 27 000 Einwohner (1890: 18 000), in der Nähe liegt außerdem die volkreiche Gemeinde Drozdowo (11 000 Einwohner), so daß der Kreis Lomza am dichtesten besiedelt ist, wie überhaupt im Osten die Kreise, in denen die Gouvernementshauptstadt liegt, durchweg die dichteste Bevölkerung des Gouvernements haben; nur der Kreis Siedlec bildet eine Ausnahme. Ostrow hatte 1909: 13 000, Ostrolenka 12 000 Einwohner. Außer ihnen ist im Kreise Szczuczyn noch der Flecken Grajewo hervorzuheben, der 1909 mit der Gemeinde Bogusze zusammen 17 000 Einwohner hatte; natürlich verdankt der Ort diese Größe dem Grenzverkehr nach Ostpreußen. Die ländliche Bevölkerung betrug 1893: 78%, 1909: 76%. Am dünnsten sind die drei an die ostpreußische Grenze stoßenden Kreise Ostrolenka (61,7 Köpfe auf dem Quadratkilometer), Kolno (57,3) und Szczuczyn (55,7) besiedelt; Kolno hat zugleich den langsamsten Bevölkerungszuwachs aufzuweisen. Der westlich anschließende Kreis Przasznysz, der, wie gesagt, im Gouvernement Plock die dünnste Bevölkerung hat, ist nicht wesentlich dichter besiedelt als diese Kreise (57,6 Köpfe auf dem Quadratkilometer).

Erheblich dünner selbst als diese drei Gouvernements Plock, Lomza und Siedlec ist das Gouvernement Suwalki bevölkert; es ist das weitaus am dünnsten besiedelte Gebiet des Zartums überhaupt (59,3 Köpfe auf der Quadratwerst oder 52,1 auf dem Quadratkilometer). Allerdings gilt das nicht gleichmäßig für das ganze Gouvernement; die an das Gouvernement Lomza angrenzenden Kreise Augustow und Sejny und im Norden Wladyslawow haben eine besonders dünne Bevölkerung, die mittleren Kreise Suwalki und Wilkowyszki, die an die preußische Grenze stoßen, sowie Kalwarja haben keine sehr viel dünnere Bevölkerung als der Durchschnitt der Bevölkerungsdichte rechts der Weichsel überhaupt (80,6 auf der Quadratwerst).

Im einzelnen wohnten auf der Quadratwerst:

	1872	1890	1909
Suwalki	68,5	65,3	76,6
Kalwarja	59,2	66,2	72,4
Wilkowyszki	67,0	70,9	73,2
Marjampol	55,3	61,0	60,7
Augustow	38,7	42,2	51,9
Wladyslawow	47,8	52,0	51,8
Sejny	36,8	42,0	43,6

Die Bevölkerungsdichte ist also nennenswert nur in den Kreisen Suwalki, Kalwarja und Augustow gestiegen; das sind auch die Kreise, in denen die größeren Städte des Gouvernements liegen. Suwalki ist von 17 000 Einwohnern (1890) auf 24 000 (1909) gewachsen. Auch Kalwarja und Augustow haben sich, freilich nur langsam, entwickelt: die Bevölkerung von Augustow stieg von 9000 Einwohnern (1890) auf 12 000 (1909), die Kalwarjas von 10 000 (1890) auf 12 000 (1909). Die übrigen Kreise weisen fast Stillstand oder, was im ganzen Zartum Polen eine Ausnahmeerscheinung ist, wie Marjampol und Wladyslawow, sogar Rückgang auf. Der Grund liegt in der starken Auswanderung der Litauer, die diese Kreise bewohnen, namentlich nach den Vereinigten Staaten. Der Anteil der ländlichen Bevölkerung im Gouvernement Suwalki ist von 82,6% auf 81,2% zurückgegangen.

Immerhin kann man die Bevölkerungsdichte selbst dieses Gouvernements dünn wieder nur im Vergleich mit den andern Kreisen des Zartums nennen. Stellt man die Kreise zusammen, die sich auf der preußischen und auf der russischen Seite von der Weichsel bis zum Niemen an der Landesgrenze entlang ziehen, so ergibt sich, auf den Quadratkilometer berechnet, folgendes Bild der Bevölkerungsdichte:

	1910		1909
Landkreis Thorn	68	Lipno	67,9
Briesen	71	Rypin	71,4
Strasburg i. W.	57	Sierpec	77,9
Neidenburg	36	Mlawa	77,9
Ortelsburg	41	Przasznysz	57,6
Johannisburg	30	Ostrolenka	61,7
Lyck	50	Kolno	57,3
Marggrabowa	45 [1]	Szczuczyn	55,7
Goldap	44	Augustow	45,6
Stallupönen	61	Suwalki	67,3
Pillkallen	43	Wilkowyszki	64,3
		Wladyslawow	45,5

Fassen wir zusammen, so hat das Gebiet rechts der Weichsel eine geringere und langsamer wachsende Bevölkerungsdichte als der Westen; eine industriell-städtische Entwicklung, die die Bevölkerungsdichte stark verschoben hätte, ist hier nirgends nachzuweisen; dieser Teil des Zartums hat seinen agrarischen Charakter ganz bewahrt. Auch die rein ländlichen Bezirke, außer Lublin, haben sich im Vergleich mit den ländlichen Bezirken des Westens viel langsamer entwickelt; wir werden noch sehen, daß das mit der Grundbesitzverteilung zusammenhängt. Der Südosten (das Gouvernement Lublin) ist im ganzen fast ebenso stark besiedelt wie die westlichen Gouvernements; diese dichte Besiedlung setzt sich in südöstlicher Richtung durch Ostgalizien hindurch in die russischen Gouvernements Podolien und Kijew hinein fort; die Ausläufer des Schwarzerdegebiets reichen von dort her bis in das Gouvernement Lublin hinein. Die Mitte des Ostens und die zwischen der Weichsel

[1]) Diese und die folgenden drei Zahlen nach dem Stande von 1905; für 1910 fehlt für diese Kreise das Gemeindelexikon; doch hat sich die Bevölkerungsdichte der übrigen genannten ostpreußischen Kreise für 1910 nicht gegen 1905 verschoben. — Die sehr niedrige Bevölkerungsquote der Kreise Neidenburg, Ortelsburg, Johannisburg, Lyck und Marggrabowa erklärt sich zum Teil durch die zahlreichen Seen.

und der ostpreußischen Grenze sowie die im Narew-Bobr-Gebiete liegenden Kreise, also die Gouvernements Siedlec, Plock und Lomza, sind dünner besiedelt; in 12 Kreisen dieses Gebiets kommen 65—75 Köpfe auf den Quadratkilometer; mehr haben nur die Kreise Plock, Mlawa, Sierpec, Garwolin; weniger als 65 die Kreise Sokolow, Konstantynow, Wlodawa, Przasznysz, Ostrolenka, Kolno und Szczuczyn. Endlich der Nordosten, das Gouvernement Suwalki, ist das Gebiet des Zartums, das die geringste Bevölkerungsdichte aufweist.

Östlich des Zartums — um wenigstens einen Blick auf dies Gebiet zu werfen — weist nur der Kreis Bialystok eine erhebliche Bevölkerungsdichte auf (84 auf dem Quadratkilometer); sonst stehen die unmittelbar an die Ostgrenze des Zartums anstoßenden Kreise Grodno, Bielsk, Brzesc Litewski und Wlodimierz Wolynski noch nicht sehr hinter dem Zartum zurück; weiter nach Osten, aber nicht nach Südosten, nimmt die Bevölkerungsdichte stark ab. Im einzelnen hatten die östlich anschließenden Gebiete 1909 folgende Bevölkerungsdichte, auf den Quadratkilometer berechnet:

Kreis	Telsze	39	Kreis	Wolkowysk	48
„	Schaulen	38	„	Slonim	39
„	Roßzieny	42	„	Bielsk	57
„	Kowno	65	„	Brzesc Litewski	52
„	Troki	40	„	Pruzany	40
„	Wilna	70	„	Kobryn	43
„	Oszmiany	41	„	Wlodimierz Wolynski	53
„	Lida	44	„	Kowel	36
„	Grodno	55	„	Luck	43
„	Sokolka	48	„	Kowno	41

Kreis	Dubno	62*	Nowogrod-Wolynski	61*
„	Krzemieniec	81*	Zytomierz	72*
„	Stary Konstantynow	92*	Gouvernement Podolien	88*
„	Ostrog	69*	„ Kijew	87*
„	Zaslaw	71*	„ Minsk	29
„	Owrucz	25	„ Mohilew	45

[1]) Die mit einem * bezeichneten Gouvernements und Kreise grenzen an das Schwarzerdegebiet an oder gehören ganz dazu.

II. Die nationale und konfessionelle Zusammensetzung der Bevölkerung.

Die Polen bilden im russischen Anteil bekanntlich im Gegensatz zu Preußisch-Polen eine kompakte Majorität; würde man Polen und Katholiken gleichsetzen, so gab es 1909: 9001349 Polen; davon sind aber die Litauer (1897: 304514) abzuziehen. Das großrussische Element setzt sich, vom Militär abgesehen, nur aus den höheren Beamten zusammen und war verschwindend gering; man wird seine Zahl für 1909 auf etwa 100000 schätzen können. In der Mehrzahl aller Kreise (51 von 84) wohnen 80% Polen und mehr [1]); in den drei Gouvernements Kalisch, Kielce und Radom gab es nach der (letzten) Nationalitätenzählung von 1897 keinen Kreis, der unter 80% Polen hatte. Im Gouvernement Plock gab es unter 80% zwei Kreise, Plock und Lipno, die eine starke jüdische bzw. deutsche Minorität hatten. In den drei Gouvernements Warschau, Lomza und Petrikau gab es je vier solcher Kreise (Warschau, Nowo-Minsk, Plonsk und Pultusk; Lomza, Ostrow, Ostrolenka und Szczuczyn; Petrikau, Brzeziny, Lask und Lodz). Auch von diesen 12 Kreisen hatten jedoch unter 70% Polen nur die Kreise Lomza (69,1% Polen) (wo sehr viel Juden sitzen und auch das russische Militär stark ins Gewicht fiel), Brzeziny (64,8%), wo Deutsche und mehr noch die Juden die Minorität bilden, und Lodz (66,3%); hier bilden überwiegend Deutsche die Minorität. In den beiden Städten Warschau und Lodz (ohne die Kreise) ist das Polentum überhaupt am schwächsten. In Warschau betrug sein Anteil 1897: 61, 6%; hier waren neben den Juden auch Russen (Beamte und Militär) in größerer Zahl vorhanden. In der Stadt Lodz wohnten sogar nur 46,4% Polen; 50% entfielen auf die Deutschen und Juden. — Anders liegen die Verhältnisse in den drei verbleibenden Gouvernements Siedlec, Lublin und Suwalki. In den Gouvernements Siedlec und Lublin überwiegt zwar auch das Polentum; in Siedlec hatten 1897 vier Kreise über 80% Polen (Garwolin, Lukow, Sokolow und Wengrow) und zwei (Siedlec und Radzyn) über 70%; in den drei übrigen Kreisen (Wlodawa, Biala und Konstantynow) aber war außer Juden ein starker Prozent-

---

[1]) E. Czynski, Ethnographisch-statist. Abriß der Zahl und der Verteilung des polnischen Volkes. Warschau 1909 (poln.).

satz von Kleinrussen vorhanden, deren Gebiet hier und im Gouvernement Lublin nach Kongreß-Polen hinübergreift. Im Kreise Wlodawa gab es 56% Kleinrussen, in Biala 38%, in Konstantynow 31%. Stärker noch ist das Kleinrussentum im Gouvernement Lublin; der Kreis Hrubieszow hatte 60% Kleinrussen, Tomaszow 50%, Chelm 34% und Bilgoraj 21%. In den übrigen 6 Kreisen (und auch im Kreise Bilgoraj) dominieren die Polen absolut; 3 Kreise hatten über 80% Polen, 3 zwischen 70—80%; Bilgoraj 63%. Ob diese Zahlen für die Ukrainer zu günstig sind, wie von polnischer Seite stets behauptet wird, muß dahingestellt bleiben. Dagegen sind die Polen im Gouvernement Suwalki, im ganzen betrachtet, in der Minderheit; sie überwogen 1897 nur im Kreise Suwalki, wo sie 67% ausmachten. Im Kreise Augustow waren sie mit 49% zwar die stärkste Nationalität; doch bildete hier das weißrussische Element — Augustow ist der einzige Kreis des Zartums, in dem Weißrussen in nennenswerter Zahl wohnen — eine erhebliche Minorität — 32,5%. Die übrigen 5 Kreise des Gouvernements Wladyslawow, Marjampol, Kalwarja, Wilkowyszki und Sejny waren überwiegend litauisch: am stärksten Wladyslawow, wo 83% Litauer wohnten, am schwächsten Sejny mit 60%; auf die Polen, die sonst in diesen Kreisen nur ganz schwach vertreten sind, entfielen in Sejny 23%.

Während die Kleinrussen, Litauer und Weißrussen nur in einer Anzahl östlicher Kreise des Zartums eine Rolle spielen, bilden die Juden und zum Teil auch die Deutschen in allen Teilen des Zartums ansehnliche Minoritäten. Namentlich die Juden[1]). Im ganzen Zartum lebten 1909 bei einer Gesamtbevölkerung von 11,9 Millionen nicht weniger als 1,7 Millionen Juden oder 14,7% der Gesamtbevölkerung. Dieser Prozentsatz der Juden im Zartum ist seit 1815 in ständiger Steigerung begriffen; er wird für 1815 auf 7,8 angegeben; 1890 betrug er 13,9%. Die Ursache ist hauptsächlich die Einwanderung der Juden aus den östlich angrenzenden Gouvernements, der sogenannten Litwaki, ins Zartum, die namentlich in den letzten Jahren aus politischen Gründen von der russischen Regierung stark gefördert ist;

---

[1]) Zum Folgenden vgl. namentlich Bohdan Wasiutynski, Die jüdische Bevölkerung im Königreich Polen. Ekonomista XI tom. II S. 74—173 (poln.). Der Arbeit sind auch zum Teil die betreffenden Zahlen der Anlage I entnommen. Ferner besonders Heft 39 der Arbeiten des Warschauer Stat. Komitees (russ.).

es ist deshalb nicht verwunderlich, daß der Prozentsatz der Juden in ihnen fällt (z. B. in Grodno im Zeitraum von 1881—1897 von 19,7% auf 17,3%; in Kowno von 19% auf 13,8% usw.), während er im Zartum steigt.

Die Juden verteilen sich nicht gleichmäßig über das ganze Zartum. Für die einzelnen Gouvernements stellten sich 1909 absolut wie im Verhältnis die Zahlen folgendermaßen (die Reihenfolge ist nach der Größe des Anteils der Juden an der Gesamtbevölkerung aufgestellt):

		Zahl der Juden	Prozent
Stadt	Warschau	281 754	36,9
Gouv.	Lomza	101 493	16,3
„	Siedlec	148 609	15,7
„	Petrikau	298 062	15,7
„	Radom	153 782	14,4
„	Lublin	206 180	14,1
„	Suwalki	80 560	12,7
„	Warschau	191 604	11,4
„	Kielce	106 511	10,9
„	Plock	71 224	10,5
„	Kalisch	107 876	9,0

Die Nordwestecke des Zartums, die an die preußische Grenze anstoßenden Gouvernements Plock und Kalisch, haben also verhältnismäßig am wenigsten Juden; wir werden noch sehen, daß gleichzeitig in diesem verhältnismäßig judenarmen Gebiet die meisten Deutschen sitzen. Die 4 westlichsten Kreise des Gouvernements Warschau, die sich zwischen Plock und Kalisch einschieben (Nieszawa, Wloclawek, Kutno und Gostynin) haben gleichfalls keine höhere Prozentziffer an Juden: Nieszawa hat 4,1% Juden, Wloclawek 10,6% (Einfluß der Stadt Wloclawek!), Kutno 13,7 und Gostynin 8,4%. In diesem Nordwestgebiet liegen die Kreise, die überhaupt im Zartum die wenigsten Juden haben. Der Kreis Nieszawa, der sich südwärts der Weichsel an der posenschen Grenze entlang zieht, marschiert in dieser Hinsicht an der Spitze: er hat nur 4,1% Juden; die nächstdem am wenigsten von Juden bewohnten Kreise sind: Miechow (Gouv. Kielce) 4,4%, Turek (Gouv. Kalisch) 4,8%, Lipno (Gouv. Plock) 5,8%, Slupce (Gouv. Kalisch) 5,9%, Konin (Gouv. Kalisch) 6,3%. Auch der absoluten Zahl nach ist hier das Judentum schwach vertreten: im Kreise Nieszawa 4680, Skierniewice 5047, Turek 5841, Sochaczewo 5980, Lipno 6343 usw.

Verhältnismäßig am stärksten ist das Judentum (außer in Warschau selbst) im Gouvernement Lomza (16,3%), obwohl die wirtschaftlichen Bedingungen dieses Gebiets gar nicht günstig sind; der Kreis Lomza, in dem 1909 nicht weniger als 20% der Bevölkerung Juden waren, wurde nach der Verhältniszahl nur noch von dem Kreise Biala (Gouvernement Siedlec), der mit 22,1% die meisten Juden im Zartum hat, und Lublin (Gouvernement Lublin) übertroffen; nur die an die preußische Grenze anstoßenden Kreise Ostrolenka und Kolno bleiben in diesem Gouvernement mit 12,7 bzw. mit 13,8% unter dem Durchschnitt des Zartums. Der ebenfalls an Ostpreußen angrenzende Kreis Szczuczyn hat aber 16,2% Juden. Ebenso hat das Gouvernement Siedlec verhältnismäßig sehr viel Juden. Die Erklärung dafür kann, da beide Gouvernements ländlichen Charakter tragen, nur in der Nähe der judenreichen Gouvernements des russischen sogenannten Westgebiets liegen. Denn im ganzen wohnt das Judentum infolge der Judengesetzgebung in Polen in den Städten und Flecken. Auf dem Lande ist es überall nur schwach vertreten. 1909 entfielen 60,2% aller Juden auf die Städte, 27,1% auf die Flecken und 12,7% auf das „Land"; letztere Zahl ist jedoch in Wirklichkeit sicher nicht so hoch. Es waren von der auf dem Lande lebenden Bevölkerung 1909 Juden:

im Gouv.	Petrikau	4,3 %	im Gouv.	Siedlec	2,6 %
„ „	Lomza	4,1 %	„ „	Radom	2,4 %
„ „	Warschau	3,9 %	„ „	Lublin	1,6 %
„ „	Kielce	3,4 %	„ „	Plock	1,3 %
„ „	Suwalki	3,1 %	„ „	Kalisch	0,9 %

In Wirklichkeit stehen hinsichtlich der jüdischen Bevölkerung auf dem Lande aber zweifellos die Gouvernements Lomza und Suwalki an der Spitze; in Petrikau und Warschau ist die Bevölkerung der Fabrikorte als „Landbevölkerung" mitgezählt. Es besteht die Tendenz bei den Juden, von dem Lande in die Industriezentren abzuwandern; der sich dort entwickelnde Kapitalismus und lebhaftere Geschäftsverkehr zieht das Judentum an. In der Rubrik „auf dem Lande" verminderte sich der Anteil des Judentums an der Bevölkerung in der Zeit von 1893—1909 in 49 Kreisen, in 7 blieb er konstant; in 28 Kreisen wuchs er; zum Teil waren das aber Kreise, in denen die „Landgemeinden" Industrieorte sind. Die größte Anziehungskraft weisen Warschau und Lodz auf, in denen 1893 erst 16,8% aller Juden des Zartums wohnten, 1909 schon 21,2%, nach anderer Zählung sogar 24%. Das industriell am meisten entwickelte Gouvernement Petrikau nahm auch die meisten Juden auf; das Judentum wuchs hier, trotz des Zustroms der Arbeiter, noch schneller als die Bevölkerung im ganzen; 1890 kamen auf die Juden 12,2%, 1909 schon 15,7% der Bevölkerung; die absolute Zahl der Juden verdoppelte sich fast. Am stärksten vermehrte sich das Judentum im Gouvernement Petrikau wieder im Kreise Bendzin, wo sich sein Anteil von 9,6% auf 16% hob; die Kreise Lodz und Brzeziny haben zwar beide über 19% Juden; sie hatten 1890 aber auch schon 16% Juden und darüber. Die beiden industriell am wenigsten entwickelten Kreise des Gouvernements Petrikau, Nowo-Radomsk und Rawa, haben verhältnismäßig die wenigsten Juden in diesem judenreichen Gouvernement; beide zeigen prozentualiter auch fast gar keinen Zuwachs des Judentums; Rawa seit 1890 sogar eine kleine Verminderung.

Von den 116 Städten des Zartums hatten 1909:

10—20 %	Juden	3	Städte
20—30 %	"	7	"
30—40 %	"	14	"
40—50 %	"	19	"
unter 50 %	zusammen	43	Städte
50—60 %	Juden	34	Städte
60—70 %	"	21	"
70—80 %	"	13	"
80—90 %	"	5	"
50—90 %	Juden	73	Städte

Räumlich lassen sich die judenarmen und judenreichen Städte schwer in Gruppen zusammenfassen; für jede einzelne Stadt sind die Zahlen aus der Anlage I zu ersehen. Am wenigsten Juden hatte verhältnismäßig Nieszawa (17,2); ferner sonderbarerweise die beiden Industrieorte Sosnowice und Pabianice; in diesen beiden Orten werden sich die Verhältniszahlen seit 1909 wohl verschoben haben. Die judenreichsten Städte liegen durchweg östlich der Weichsel; von den 5 Städten mit 80—90% Juden entfallen 2 aufs Gouvernement Siedlec (Terespol und Wlodawa), je 1 aufs Gouvernement Suwalki (Szaki) und Warschau (Kaluszyn, Kreis Nowo-Minsk); nur eine von diesen Städten liegt westwärts der Weichsel (Dzialoszyce, Kreis Pinczow, Gouvernement Kielce). Die Juden überwiegen aber in den kleineren Städten, besonders in denen, die unter 10 000 Einwohner hatten. Folgende Tabelle veranschaulicht das:

Von d.	73	Städten	bis zu 10 000	Einwohner	hatten	54	mehr als	50 % Jud.
„ „	25	„	von 10—20 000	„	„	14	„ „	50 % „
„ „	13	„	„ 20—50 000	„	„	2	„ „	50 % „
„ „	3	„	„ 50—100 000	„	„	1	„ „	50 % „
„ „	2	„	über 100 000	„	„	0	„ „	50 % „

Die absoluten Zahlen sind, wie schon erwähnt, freilich anders; in den beiden Städten über 100 000 Einwohner (Warschau und Lodz) wohnte zusammen mehr als ein Fünftel aller Juden des Zartums.

Die **Deutschen** sind der zweite Volksteil, der wenigstens in einzelnen Gegenden eine nennenswerte Minorität ausmacht. Nach der Zählung von 1897 wohnten im Zartum 407 280 Deutsche; seitdem hat eine Nationalitätenzählung nicht wieder stattgefunden. Man kann aber die Deutschen ziemlich mit den Protestanten gleichsetzen. 1897 gab es 32 000 protestantische Polen im Zartum, dafür gab es aber damals 29 000 deutsche Katholiken, so daß sich diese Gruppen ungefähr ausgleichen. Die wenigen Litauer, die evangelisch sind (1907: 4000), und ebenso die evangelischen Russen fallen nicht ins Gewicht. Von polnischer Seite ist verschiedentlich behauptet worden, daß die protestantische Bevölkerung der Städte, trotz der deutschen Namen, etwa zur Hälfte aus Polen bestände; daß in Wirklichkeit ein größerer Teil der Protestanten des Zartums als jene 32 000 protestantischen Polen jetzt zur polnischen Nationalität gehören, ist möglich, zahlenmäßig läßt sich das nicht erfassen. 1909 gab es im Zartum 634 649 Protestanten oder 5,3% der Gesamtbevölkerung. Sie verteilten sich in folgender Weise, in der Reihenfolge des prozentuellen Anteils an der Bevölkerung der Gouvernements:

	in Städten und Flecken	auf dem Lande	zusammen	Prozent d. Gouv.-Bevölkerung
Petrikau	141 804	103 471	245 275	12,9
Kalisch	21 407	84 677	106 084	8,8
Plock	3 302	46 541	49 843	7,3
Warschau	11 995	89 665	101 660	6,1
Suwalki	6 833	29 579	36 412	5,8
Lublin	2 036	38 125	40 161	2,8
Stadt Warschau	18 189	—	—	2,4
Siedlec	380	14 410	14 790	1,6
Radom	1 141	11 630	12 771	1,2
Lomza	1 337	5 087	6 424	1,0
Kielce	492	2 548	3 040	0,3
zusammen	208 916	425 733	634 649	5,3

Es geht zunächst aus dieser Tabelle hervor, daß die Deutschen am stärksten in den Gouvernements Petrikau, Kalisch und Plock, also im Nordwesten, vertreten sind. Weiter zeigt sich, daß sie im Gegensatz zu den Juden ganz überwiegend landsässig sind; in allen Gouvernements überwiegt die auf dem Lande lebende deutsche Bevölkerung erheblich die in Städten und Flecken wohnende. Nur im Gouvernement Petrikau ist das Verhältnis umgekehrt; hier fällt aber der Kreis Lodz stark ins Gewicht, wo in Städten und Flecken allein 114000 Protestanten leben. Überhaupt leben von den rund 200 000 städtischen Deutschen etwa 125 000 allein in Warschau und Lodz. Nach der räumlichen Verteilung lassen sich hauptsächlich zwei Gebiete unterscheiden, in denen das Deutschtum massiert ist: einmal aus den bekannten Gründen der Bezirk von Lodz. Der Kreis Lodz hat mit 27,5% Protestanten die meisten Deutschen im Zartum überhaupt; die angrenzenden beiden, auch industriell stark beeinflußten Kreise Brzeziny und Lask haben 18,2% bzw. 13,8% Protestanten. Auch der Kreis Petrikau (9,6%) gehört noch zu diesem Gebiet. Das zweite Hauptgebiet des Deutschtums ist die Nordwestecke des Zartums, dasselbe Gebiet, das wir als den verhältnismäßig judenärmsten Teil des Zartums festgestellt hatten. Die an die posen-westpreußische Grenze anstoßenden Kreise von Kalisch bis Rypin und ihr unmittelbares Hinterland haben sämtlich über 10% Deutsche. Südlich der Weichsel hat nächst Gostynin die meisten Protestanten der sich lang an der posenschen Grenze hinziehende Kreis Slupce (14,3%), Kolo und Konin haben je 12,4%, Kalisch 11,5%. Weiter haben die zwischen den Gouvernements Kalisch und Plock liegenden Kreise des Warschauer Gouvernements auch in dieser Hinsicht dieselben Verhältnisse wie das Gouvernement Kalisch: der Kreis Nieszawa hat 11,9% Protestanten, Wloclawek 12,9%, weiter weichselaufwärts haben die an die Weichsel stoßenden Kreise Sochaczewo 9,9 und Gostynin gar 15,5% Protestanten, was sich jedenfalls aus dem Gang der deutschen Kolonisation erklärt; der abseits von der Weichsel liegende, sonst gleichfalls zu diesem Gebiet gehörende Kreis Kutno hat nur 2,5% Protestanten. Nördlich der Weichsel setzt sich in den an die westpreußische Grenze anstoßenden Kreisen Lipno und Rypin das deutsche Element fort; sie bilden das alte, einst dem Deutschen Orden gehörende Land Dobrzyn. Der Kreis Lipno hat mit 19,4% Protestanten nächst Lodz überhaupt verhältnismäßig die meisten Deutschen im Zartum; Rypin hat 13,9%; der weichselaufwärts an Lipno anschließende Kreis Plock auch noch 5,8%. Etwas schwächer, aber auch noch 5% der Kreisbevölkerung übersteigend, ist das deutsche Element südlich der Weichsel in den östlicheren Kreisen von Kalisch, die den Übergang zu dem Bezirk von Lodz bilden: Turek 7,4%, Sieradz 7,0% und Lenczyca 8,1%. Nördlich des Kreises Wielun, westwärts von Petrikau—Lodz—Sochaczewo, erstreckt sich also ein geschlossenes, verhältnismäßig judenarmes und protestantenreiches Gebiet, in dem das deutsche Element überall mehr als 5% der Bevölkerung ausmacht, im Bezirk von Lodz und in den näher an der preußischen Grenze liegenden Kreisen sogar 10% übersteigt; nördlich der Weichsel gehören noch die Kreise Lipno, Rypin und Plock dazu. Die Kreise, die sich ostwärts von Rypin an der ostpreußischen Südgrenze entlang hinziehen, haben so gut wie gar keine Protestanten; überhaupt hat das judenreiche Gouvernement Lomza, abgesehen von Kielce, die wenigsten Protestanten im Zartum. Dagegen sitzt an der ostpreußischen Ostgrenze, im Gouvernement Suwalki, das deutsche Element wieder dichter; hier ist es namentlich der dem Kreise Stallupönen gegenüberliegende Kreis Wilkowyszki, der 16,2% Protestanten aufweist; der nördlich anschließende Kreis Wladyslawow hat 8,8%, der südlich an Wilkowyszki anschließende Kreis Suwalki 6,7% Protestanten; auch diese beiden Kreise stoßen ja an die ostpreußische Grenze.

Sonst sind Protestanten im Zartum nirgends in nennenswerter Zahl vertreten; nur der Kreis Chelm (Gouvernement Lublin) hat 16,5% Protestanten; der angrenzende Kreis Lubartow immerhin 4,5%. Der gleichfalls im Gouvernement Lublin gelegene Kreis Janow hatte 1905 7% Protestanten (über 9000 Köpfe), die sämtlich in einer Gemeinde saßen (Zakrzuwek); 1909 ist nach der russischen Statistik das protestantische Element aus dem Kreise ganz verschwunden. Im übrigen läßt sich aus der amtlichen Konfessionsstatistik nicht erkennen, daß das Deutschtum für sich in Dörfern und getrennt vom Polentum sitzt; in der „gmina“ (der Samtgemeinde) ist fast durchweg das Polentum in der Mehrheit. Gminen, in denen die Protestanten mehr als 50% der Bevölkerung bilden, kommen nur ganz vereinzelt vor; mehr als 40% hatten sie 1907 in 18 Gminen. Davon entfallen die meisten (7) aufs Gouvernement Petrikau (5 davon auf den Kreis Lodz), 2 auf

Kalisch, 4 auf Plock (davon 3 auf den Kreis Lipno), 2 auf Suwalki und 4 auf Warschau. Das schließt nicht aus, daß, wie bekannt, in der einzelnen Dorfgemeinde das Deutschtum völlig dominiert. Das geht auch aus der Tatsache hervor, daß fast die Hälfte des ganzen Protestantentums (41,7%) in Gminen sitzt, in denen 20—40% der Bevölkerung Protestanten sind. Die folgende Tabelle, die die Zahlen von 1907 bietet, zeigt das näher. Es saßen in Gminen mit:

	wenig. als 1 % Protestanten	1—5%	5—10%	10—20%	20—40%	mehr als 40 %
Protestanten (1907)	12 382	71 109	75 549	142 423	254 734	53 498
Proz. der protestant. Gesamt-Bevölkerung	2,0%	11,6%	12,3%	23,3%	41,7%	8,8%

In der Vereinzelung sitzen also absolut und relativ nur wenige Protestanten. Was sich schon aus den Angaben über die räumliche Verteilung ergab, bestätigen diese Zahlen über ihr Stärkeverhältnis in den einzelnen Gminen: sie sitzen der ganz überwiegenden Mehrzahl nach so zusammen, daß eine Aufsaugung durch die umwohnende Bevölkerung nicht möglich ist; rechnet man doch polnischerseits, daß die Deutschen dann der Polonisierung widerständen, wenn sie in der Gmina mehr als 5% betrügen [1]).

Eine konfessionelle Sondergruppe sind die Mariaviten. Die Bewegung, die 1905 von der Maria Koslowa ins Leben gerufen wurde, stellt eine Art Altkatholizismus dar und fand auch Anschluß an die altkatholische Bewegung. Große Bedeutung hat sie nicht gewonnen und ihren Höhepunkt schon vor dem Kriege überschritten; die amtliche Statistik, die die Zahlen nicht zu niedrig angeben wird, da die Bewegung von der russischen Regierung als Waffe gegen die römische Kirche benutzt wurde, beziffert ihre Anhänger auf 73 000, 1912 waren es nicht mehr ganz 50 000. Ihren Mittelpunkt hat sie in Lodz, wo ungefähr die Hälfte aller Mariaviten (36 000) lebten, weitere 8000 wohnten in dem angrenzenden Kreise Brzeziny, so daß allein im Gouvernement Petrikau über 45 000 Mariaviten vorhanden waren. Sonst sind sie nur noch nennenswert im Gouvernement Warschau (rund 15 000), im Gouvernement Siedler (6300) und in der Stadt Warschau (2800).

[1]) H. Wiercienski, Protestanten und Deutsche im Königreich Polen (poln.). Ekonomista VIII tom. II S. 8.

III. Die Grundbesitzverteilung.

1. Die Bodenverhältnisse.

Der russische Anteil Polens ist im ganzen ein fruchtbares Land. Er wird in der Diagonale, von der Südostecke (Hrubieszow) nach der Nordwestecke (Nieszawa), von einem breiten, freilich oft unterbrochenen Streifen Weizen- und Rübenbodens durchzogen: er zieht sich vom Kreise Hrubieszow, der noch zum Schwarzerdegebiet gehört, zunächst bis zur Weichsel hin und wird auf dieser Strecke im Norden etwa von der Linie Chelm—Lublin, im Süden von der Linie Tomaszow—Janow—Zawichost begrenzt. Fast das ganze Gouvernement Lublin (bis auf die beiden südlichen Kreise Janow und Bilgoray) fällt also in dies Gebiet fruchtbaren Bodens. Links der Weichsel setzt sich der Streifen an der Weichsel entlang und über Ilza und Radom bis zur Pilica fort; in diesem Gebiet (zwischen Kamienna, Pilica und Weichsel) ist er freilich längst nicht so zusammenhängend wie rechts der Weichsel, sondern oft durch große Sandstrecken unterbrochen. Nördlich der Pilica folgt dann wieder ein großes zusammenhängendes Weizengebiet, das von Weichsel und Pilica umgrenzt wird und nach Westen bis zur Linie Inowlodz—Rawa—Skierniewice—Lowicz—Bzuramündung reicht. Weiter verläuft der Streifen dann zwischen Weichsel und der Ner-Warthe-Linie bis zur preußischen Grenze; auch hier ist er wieder vielfach unterbrochen; die größten zusammenhängenden Komplexe Weizen- und Rübenbodens finden sich namentlich um Kutno, Lenczyca, Gostynin, um Kolo, südwärts von Wloclawek und Nieszawa und nordwärts Slupce; das sind die durch ihre Fruchtbarkeit bekannten Gegenden des alten Kujawien.

Außer diesem Streifen, der, wie gesagt, das ganze Zartum von der Südostecke bis zur Nordwestecke durchzieht, gibt es hauptsächlich noch zwei große Gebiete fruchtbarsten Bodens: erstens den Südrand des Zartums diesseits der Weichsel: die Kreise Opatow, Sandomierz, Miechow und der östliche Teil von Olkusz; nach Norden reicht dieses Gebiet noch in den Kreis Jendrzejow hinein; auch diese Kreise sind sämtlich durch ihre Fruchtbarkeit bekannt. Das zweite Hauptgebiet des Weizenbodens außerhalb jenes Streifens liegt im Gouvernement Plock; ungefähr der vierte Teil dieses Gouvernements hat Lehmböden. Hier ist es namentlich die Umgegend von Plock und westwärts etwa das Land zwischen Weichsel, Lipno und Sierpec, sodann ein Streifen an der preußischen Grenze, und zwar von der Weichsel bis nach Rypin hin. Auch im westlichsten Teil des Gouvernements Lomza (bis zum Orzyc) finden sich Lehmböden. Östlich des Orzyc beginnt dann aber ein großes Wald- und Sumpfgebiet. Enklaven von besonders guten Böden gibt es ferner namentlich noch um Kalisch herum und bei Sieradz und Lask. Im ganzen gesehen, ist also das Gebiet im Weichselbogen das fruchtbarere; rechts der Weichsel sind die schweren Böden vor allem im Gouvernement Lublin und im geringeren Umfange auch im Gouvernement Plock vertreten. Überwiegend Sandböden haben die Gouvernements Suwalki, Lomza und große Teile von Siedlec, auch in Kalisch sind sie reichlich vertreten. Steinige und felsige Böden finden sich hauptsächlich im Südwesten, in dem Höhenlande um Kielce, in den Kreisen Opatow, Opoczno, Kielce und im größten Teil des Kreises Olkusz.

Einen näheren Einblick in die Bodenverhältnisse gewährt die Verteilung von Ackerland, Wiesen und Weiden, Wald und Unland auf die Kreisflächen. (Siehe die Zahlen für jeden einzelnen Kreis in der Anlage II.) Danach sind am schlechtesten die Böden im Nordosten. Abgesehen von einigen wenigen Kreisen (Wilkowyszki, Suwalki, Kalwarja, Szczuczyn, Masowien) beträgt in den Gouvernements Lomza und Suwalki der Waldbestand aller Kreise mehr als 20% der Kreisfläche; überhaupt gibt es in den fünf östlichen Gouvernements (sieht man vom Gouvernement Plock ab, wo allein der Kreis Przasznysz über 20% Wald hat) außer den schon erwähnten fünf Kreisen nur noch vier Kreise (Siedlec, Konstantynow, Biala und Chelm), im ganzen also nur neun Kreise, die unter 20% Wald haben. In den Kreisen Sejny und Augustow des Gouvernements Suwalki und in den Kreisen Zamosc und Janow des Gouvernements Lublin steigt der Anteil des Waldes an der Kreisfläche sogar auf über 30%. Viel waldärmer ist der Nordwesten; in den Gouvernements Plock, Kalisch und im Westen von Warschau haben nur die Kreise Przasznysz, Gostynin und Wielun über 20% Wald. Dafür liegen ausschließlich in diesem Gebiet die Kreise, die unter 10% Wald haben (Nieszawa 4%, Kolo 9,8%, Kutno 6,6%, Lowicz 8,8%, Lenczyca 5,3%, Plock 6,8% und Plonsk 8,4%). Auch der Südrand des Zartums, die Kreise Miechow, Pinczow, Stopnica und Sandomierz, sind nicht stark bewaldet. Größer sind die Waldbestände in den Gouvernements Petrikau, Radom und im Norden von Kielce (Wloszczawa, Jendrzejow, Kielce); in diesem Gebiet hat nur der Kreis Radom (13%) unter 20%; der Prozentsatz steigt in dem Höhenlande bei Kielce, in den Kreisen Wloszczawa und Kielce, auf 35,9 bzw. 36,7%, und im Kreise Konsk gar auf 49%!

Weiter werden die schlechteren Bodenverhältnisse des Nordostens charakterisiert durch den größeren Anteil der „Wiesen" und „Weiden" an der Kreisfläche. Unter diesen Rubriken nämlich findet sich auch der weitaus größte Teil der Sümpfe des Zartums eingerechnet, da die Statistik des Warschauer Statistischen Komitees die Sumpfgebiete nicht als Unland, sondern als Wiesen oder Weiden zählt, wenn sie einen, sei es auch noch so geringen, Ertrag geben. Der Kreis Szczuczyn (Gouvernement Lomza) steht hier weitaus obenan; „Wiesen und Weiden" nehmen hier 35,5% der Kreisfläche ein. Die „Weiden" sind überhaupt am stärksten vertreten in den Sumpfgebieten zwischen der ostpreußischen Grenze und der Narew—Bobr-Linie, kein Kreis hat hier unter 10% „Weiden", während sonst im Zartum dieser Prozentsatz nur noch von einigen Kreisen des Gouvernements Siedlec erreicht wird. Ähnlich ist es mit den „Wiesen"; sie betragen nur in den Kreisen, die sich von Rypin bis zur Memel an der ostpreußischen Grenze entlang ziehen, durchweg mehr als 10%; ebenso übersteigen sie diesen Prozentsatz in den östlichen Grenzkreisen der Gouvernements Siedlec und Lublin, während im ganzen Westen auch der Anteil der „Wiesen" unter 10% bleibt.

Aus dem prozentuellen Anteil von Wald, Wiesen und Weiden sowie des Unlandes (das zumeist aus sandigen Stellen und Dünen besteht und nur im Kreise Sejny [Gouvernement Suwalki] 10% der Kreisfläche überschreitet) ergibt sich, daß das Ackerland im ganzen Osten 60% der Kreisfläche fast nirgends übersteigt; in den fünf Gouvernements Plock, Lomza, Suwalki, Siedlec und Lublin haben nur die Kreise Rypin, Mlawa und Plock (also alles Kreise des Gouvernements Plock) mehr als 60% der Kreisfläche Ackerland, Plock sogar 78,4. Im Gouvernement Lublin gibt es trotz der im allgemeinen guten Bodenverhältnisse keinen Kreis, der über 60% Ackerland hätte. Dagegen gibt es in den Gouvernements Warschau und Kalisch nur ganz wenige Kreise, die unter 60% Ackerland haben: in Warschau die östlichen Kreise Radzymin, Nowo-Minsk und Warschau selbst, in Kalisch nur Wielun und Sieradz. Dagegen haben vier Kreise in diesem Gebiet (Plonsk, Brzezyny, Skierniewice und Lenczyca) über 70% Ackerland, in Kutno sind es sogar 79,5% und in Nieszawa 80,1%. Schlechter ist das Verhältnis des Ackerlandes zur Kreisfläche wieder in der südlichen Hälfte des westlichen Gebietes; nur in den Kreisen des Südrandes hebt es sich über 60% (Miechow 71,2, Pinczow 64,6, Sandomierz 61,1; in Opatow und Stopnica bleibt es mit 59,6 bzw. 59,2% etwas dahinter zurück); auch Radom hat 60,9%. Sonst macht das Ackerland hier überall 50—60% der Kreisfläche aus; nur in den waldreichen Kreisen Konsk und Kielce beträgt es nur 30,7 bzw. 36,5%. Das sind zugleich mit den Warschauer Kreisen Warschau und Radzymin die einzigen Kreise der fünf westlichen Gouvernements, die unter 50% Ackerland haben. Von den fünf östlichen Gouvernements hat dagegen Plock einen Kreis, der unter 50% Ackerland hat (Przasznysz), Lublin drei solcher Kreise (Bilgoraj, Zamosz und Chelm); das Gouvernement Siedlec vier derartige Kreise (Garwolin, Radzyn, Biala und Wlodawa), Lomza fünf (Makow, Ostrolenka, Kolno, Szczuczyn, Ostrow) und Suwalki drei solcher Kreise (Augustow, Sejny und Marjampol).

Über die **Güte des Ackerlandes** in den einzelnen Kreisen liegen leider zurzeit keine vollständigen und genauen Angaben vor. Einen Anhalt gewährt aber eine Publikation der Warschauer Landkreditbank [1]), die allerdings nur die der Landbank angeschlossenen Güter jedes Kreises (das ist freilich die große Mehrzahl) betrifft und mir zurzeit auch nur für die sechs Gouvernements Warschau, Kalisch, Radom, Kielce, Lomza und Suwalki zugänglich ist. Diese Zahlen bestätigen, daß im Gouvernement Kalisch und in den westlichen Kreisen des Gouvernements Warschau die schlechten Bodenklassen stark in den Hintergrund treten. Der Kreis Kutno steht mit 79,5% Ackerland an zweiter Stelle im Zartum; von dem Ackerland der der Landbank angeschlossenen Güter gehörten 1893: 53% den guten Bodenklassen, 44% den mittleren und 3% den schlechten Bodenklassen an. Der Kreis Kutno hat danach von den westlichen Kreisen des Gouvernements Warschau die günstigsten Bodenverhältnisse; in den übrigen Kreisen

---

[1]) Statistische Nachrichten über die der Landkreditbank angeschlossenen Güter nach dem Stande vom 1. Januar 1894. Warschau 1894 (poln.).

dominieren — immer nach den Zahlen der Landbank — die mittleren Böden. Von dem Ackerland der der Landbank angeschlossenen Güter entfallen

	auf die guten	die mittleren	die schlechten Böden
Kreis Sochaczewo	36 %	55 %	9 %
„ Skierniewice	9 %	77 %	14 %
„ Lowicz	35 %	52 %	13 %
„ Gostynin	38 %	45 %	17 %
„ Wloclawek	38 %	56 %	6 %
„ Nieszawa	37 %	54 %	9 %

Das Ackerland beträgt hier überall über 60%, in Nieszawa sogar 80,1%, am meisten im Zartum, in Skierniewice 71,4%. Ähnliche Bodenverhältnisse weist anscheinend das Gouvernement Kalisch auf; im ganzen entfielen hier 33% des Ackerlandes auf die guten, 49% auf die mittleren und 18% auf die schlechten Bodenklassen. Für die einzelnen Kreise gibt die Landbank für das Ackerland ihrer Güter folgende Zahlen an:

	gute	mittlere	schlechte Böden
Kreis Kalisch	47 %	43 %	10 %
„ Slupce	30 %	50 %	20 %
„ Konin	23 %	56 %	21 %
„ Kolo	45 %	43 %	12 %
„ Turek	35 %	46 %	19 %
„ Lenczyca	36 %	49 %	15 %
„ Wielun	20 %	59 %	21 %
„ Sieradz	19 %	53 %	28 %

Danach haben die Kreise Wielun und Sieradz die ungünstigsten Bodenverhältnisse; in ihnen nimmt auch das Ackerland einen verhältnismäßig geringen Teil der Kreisfläche ein, nur 51,5% bzw. 57,3%. Der Kreis Kalisch scheint besonders gute Böden zu haben; wir sahen schon, daß um Kalisch Weizenböden häufig sind.

Sehr gut sind, wie durch die Zahlen der Landbank bestätigt wird, die Böden in den Kreisen des Südrandes, wo auch das Ackerland durchweg 60% übersteigt. Nach der Landbank betragen die

	guten	mittleren	schlechten Böden
im Kreise Pinczow	85 %	12 %	3 %
„ „ Miechow	78 %	21 %	1 %
„ „ Sandomierz	78,4 %	18,2 %	3,4 %
„ „ Opatow	66,7 %	28,2 %	5,1 %

Auch die nördlich angrenzenden Kreise weisen noch ähnliche, wenn auch nicht mehr so gute Verhältnisse auf; so hat

	an guten	mittleren	und schlechten Böden
der Kreis Ilza	40,6 %	47,8 %	11,6 %
„ „ Jendrzejow	52 %	33 %	15 %
„ „ Wloszczawa	49 %	34 %	17 %

Auch diese Zahlen der Landbank ergeben ein Bild, das mit den eingangs geschilderten allgemeinen Verhältnissen übereinstimmt.

Für den dicht besiedelten Kreis Stopnica des Südrandes gibt die Landbank die Zahlen: 30% gute Böden, 55% mittlere, 15% schlechtere; vielleicht ist jedoch das Bild, das sich hieraus ergibt, zu ungünstig.

In den übrigen Kreisen der Gouvernements Kielce und Radom haben wir mehr Sand- und Steinböden. Diese ungünstigeren Verhältnisse spiegeln sich in den folgenden Zahlen der Landbank wieder. Es entfielen auf die

	guten	mittleren	schlechten Böden
im Kreise Radom	20,4 %	62,2 %	17,4 %
„ „ Konsk	15,1 %	54,4 %	30,5 %
„ „ Kozienice	21,7 %	53,7 %	24,6 %
„ „ Opoczno	11,9 %	63,4 %	24,7 %
„ „ Kielce	14 %	57 %	29 %

In den Kreisen Konsk und Kielce, in denen hiernach die schlechten Böden am stärksten vertreten sind, nimmt auch das Ackerland nur einen geringen Teil der Kreisfläche ein: in dem waldreichen Kreise Konsk nur 30,7% und in Kielce 36,5%.

Für die Gouvernements Lomza und Suwalki gibt die Landbank folgende Zahlen. Es entfielen auf die

	guten	mittleren	schlechten Böden
im Kreise Lomza	22 %	65 %	13 %
„ „ Ostrow	17 %	63 %	20 %
„ „ Szczuczyn	31 %	58 %	11 %
„ „ Makow	30 %	55 %	15 %
„ „ Masowien	29 %	58 %	13 %
„ „ Kolno	21 %	66 %	13 %
„ „ Ostrolenka	19 %	64 %	17 %
im Gouv. Lomza zusammen	26 %	60 %	14 %
im Kreise Suwalki	5 %	81 %	14 %
„ „ Augustow	8 %	72 %	20 %
„ „ Sejny	13 %	68 %	19 %
„ „ Kalwarja	38 %	59 %	3 %
„ „ Marjampol	33 %	60 %	7 %
„ „ Wylkowyszki	41 %	55 %	4 %
„ „ Wladyslawow	64 %	34 %	2 %
im Gouv. Suwalki zusammen	31 %	59 %	10 %

Diese Zahlen für die Gouvernements Lomza und Suwalki zeigen ebenso wie die in Anlage II, daß nicht Suwalki, sondern Lomza die ungünstigsten Bodenverhältnisse hat. In der nördlichen Hälfte von Suwalki sind sie offenbar sogar recht gut. Auch ist in Betracht zu ziehen, daß die Güter, um die es sich ja bei allen Zahlen der Landbank nur handelt, im allgemeinen im Zartum Polen die besseren Böden einnehmen; der Kleinsitz, der, wie wir noch sehen werden, gerade in diesen Gouvernements stark vertreten ist, hat meist die schlechten Böden in der Hand. Das erklärt sich einfach historisch; in Polen geradeso wie etwa im Deutsch-Ordensland erhielt der Adel die besten Böden; noch heute sind ja deshalb in Ostpreußen die Gegenden mit guten Böden Gegenden überwiegenden Großgrundbesitzes, während auf den Sandböden der Kleinbesitz dominiert.

Bevor wir nun diese Bodenverhältnisse mit der Bevölkerungsdichte in Beziehung setzen, ist es vor allem noch nötig, die Grundbesitzverteilung im Zartum Polen näher ins Auge zu fassen.

2. Die Grundbesitzverteilung.

Russisch-Polen war früher, wie es in diesem Lande der Adelsherrschaft selbstverständlich ist, ganz überwiegend ein Land des Großgrundbesitzes; 1862 waren noch rund 8 Millionen Deßjatinen [1]) (von 11,2) in den Händen des Großgrundbesitzes. Durch die Agrarreform von 1864 — der betreffende Ukas ist vom 19. Februar datiert — ging dann aber mit einem Schlage alles Land, das bisher von den Bauern in Pacht bearbeitet wurde, in ihren erblichen Besitz über; das waren rund 3,6 Millionen Deßjatinen, fast ein Drittel des Zartums. Seitdem hat eine sehr intensive Parzellierung den Bestand des Großgrundbesitzes noch weiter verkleinert, namentlich, seitdem 1890 die Bank Wloscianski (Bauernbank) ihre Tätigkeit begann. Heute überwiegt im Zartum Polen der Kleinbesitz. 1904 entfielen (vgl. zum folgenden Anlage III) im ganzen Zartum nach den Angaben des Warschauer Statistischen Komitees auf das Land

der Bauern	5 508 092	Deßjatinen	oder	48,8 %
der kleinen Schlachta	651 740	„	„	5,8 %
der Fleckeneinwohner	292 367	„	„	2,6 %
zusammen Kleinbesitz	6 452 199	Deßjatinen	oder	57,2 %

[1]) 1 Deßjatine = 1,09 ha.

Dagegen betrug

das Kronland	669 966	Deßjatinen	oder	5,9 %
der Privat-Großgrundbesitz	3 961 586	„	„	35,1 %
zusammen Großgrundbesitz	4 631 552	Deßjatinen	oder	41,0 %

Außerdem sind noch 153 438 Deßjatinen oder 1,3% im Besitz der Städte, und 59 840 Deßjatinen oder 0,5% gehören verschiedenen Besitzern (Kirchen, Schulen, milden Stiftungen, Eisenbahnen usw.).

Diese Zahlen sind nun für den Großgrundbesitz noch zu günstig, nicht nur, weil sich das große Eigentum seitdem durch Parzellierung weiter vermindert hat, sondern weil auf dem Großgrundbesitz zugunsten der Bauern noch eine große Anzahl von Servituten, Waldnutzungen und Weidegerechtigkeiten lasten. Die Zahl der Servituten genießenden Bauernstellen hat sich freilich seit 1864 stark vermindert; immerhin waren 1902 noch 125 855 bäuerliche Stellen, das sind 37,5%, im Genuß von Servituten. Für die einzelnen Gouvernements verteilen sich die Güter [1]) und Bauernstellen, die durch Servituten miteinander verbunden sind, nach dem Stande von 1902 (Daten der Kommission des Senators Podgorodnikow [2]), folgendermaßen:

	Zahl der Güter	davon durch Servituten belastet	Zahl d. bäuerlichen Stellen, die Wald- oder Weide-Servituten oder beides zusammen besaßen:	Prozent aller Bauernstellen	Von den Bauern durften auf Gutsweiden getrieben werden Stück Hornvieh
Warschau	1575	294	13 073	31,1	34 140
Kalisch	878	257	14 535	40,6	36 012
Kielce	606	148	10 677	29,9	38 967
Lomza	340	125	9 132	47,7	25 171
Lublin	651	185	26 415	44,3	95 102
Petrikau	696	182	11 414	35,7	36 827
Plock	1120	420	11 980	31,4	27 595
Radom	607	77	9 295	31,3	31 786
Suwalki	427	108	4 698	80,4	11 996
Siedlec	517	116	14 636	39,5	41 388
Zartum zus.	7417	1912 (25,8 %)	125 855	37,5	378 984

Da von diesen 125 855 servitutenberechtigten Stellen Weidegerechtigkeiten nur 108 948 (die übrigen 16 907 haben nur Wald-

[1]) Die Zahl der Güter, die durch Servituten belastet sind, ist in der Anlage III auch kreisweise angegeben.

[2]) Sie war zur Untersuchung der Bauernfrage ins Zartum geschickt.

nutzungen) haben, so darf durchschnittlich jede dieser Bauernstellen 3,5 Stück Vieh auf Gutsweiden treiben, wobei von der Kommission des Senators Podgorodnikow 10 Schafe oder sonstiges Kleinvieh auf 1 Stück Hornvieh gerechnet sind. Ferner hatten von jenen 125 855 Stellen 92 161 Stellen Wald- oder Wald- und Weidenutzungen; sie hatten das Recht, aus den Gutswäldern jährlich 5,9 Millionen Fuhren Holz und Streu zu entnehmen oder durchschnittlich 64,9 Fuhren für jede Stelle. Bei einer Ablösung dieser Servituten würde sich der Großgrundbesitz wohl noch um rund 200 000 Deßjatinen, wenn nicht um mehr, vermindern. Verzichten können die Bauern auf die Servituten oder die entsprechende Landentschädigung nicht, da sie ihrer überwiegenden Mehrzahl nach, wie wir noch sehen werden, ganz ungenügend mit Land ausgestattet sind; auch die Waldungen des Zartums sind ganz überwiegend im Besitz der Krone oder des Großgrundbesitzes. Über die wirtschaftlichen Nachteile, die sich aus diesen Verhältnissen ergeben, braucht kein Wort verloren zu werden; sie sind zudem die Quelle zahlloser Prozesse zwischen Gutsbesitzern und Bauern; eben deshalb hat die russische Regierung, der dieser Gegensatz aus politischen Gründen erwünscht war, die Ablösung zwar nicht grundsätzlich verhindert, aber doch in langsamem Tempo sich vollziehen lassen.

a) Großgrundbesitz.

Was zunächst den Großgrundbesitz betrifft, so ist das Kronland im Zartum nur unbedeutend. Es betrug 1904 669 966 Deßjatinen oder 5,9% der Gesamtfläche, es hat sich seitdem etwas vermindert; 1909 betrug es 647 908 Deßjatinen oder 5,8%. Für die einzelnen Gouvernements waren 1904 die Zahlen, die sich auch bei Cleinow [1]) finden, aber des Zusammenhanges wegen wiederholt seien:

Gouvernement	Warschau	58 135	oder	3,8 %	(63 505) [2])
"	Kalisch	17 420	"	1,7 %	(16 993)
"	Kielce	76 702	"	8,6 %	(77 449)
"	Lomza	110 533	"	12,2 %	(93 474)
"	Lublin	24 568	"	1,7 %	(29 947)
"	Petrikau	51 335	"	4,6 %	(66 290)
"	Plock...........	23 664	"	2,7 %	(22 411)
"	Radom	82 578	"	7,5 %	(69 678)
"	Suwalki	204 248	"	18,2 %	(185 226)
"	Siedlec	20 783	"	1,6 %	(22 935)

[1]) Zukunft Polens I. 153. Leipzig 1908.

[2]) Die in Klammern gesetzten Zahlen bezeichnen den Stand von 1909.

Am größten ist das Kronland also im Gouvernement Suwalki; in ihm ist es wieder am stärksten im Kreise Augustow vertreten (32%)[1]; aber auch in den übrigen Kreisen findet sich Kronland weit über dem Durchschnitt: in Marjampol 24,8% der Fläche, in Sejny 22,9%, in Wladyslawow 13,5%, in Suwalki 12,9%, in Kalwarja 7,4%, nur im Kreise Wilkowyszki ist es sehr gering (0,8%). Im Gouvernement Lomza ist es gleichfalls stark vertreten; hier stehen die Kreise Ostrow und Szczuczyn mit 19,6% bzw. 19,1% an der Spitze; die an die preußische Grenze anstoßenden Kreise Ostrolenka und Kolno haben gleichfalls 17,5% und 17,1%; die übrigen drei Kreise des Gouvernements haben jedoch weniger als 5% Kronland. Die hohe Prozentziffer im Gouvernement Kielce kommt wesentlich auf Rechnung des Kreises Kielce selbst, wo 28,2% Kronland sind; außerdem hat der Kreis Olkusz noch 8,4% und der Kreis Jendrzejow 5%. Im Gouvernement Radom, das an vierter Stelle steht, sind namentlich die Kreise Konsk mit 13,1% und Kozienice (12,1%) an Kronland reich; Ilza hat 8,5%, Opoczno 6,3%. Die übrigen Gouvernements bleiben unter dem Durchschnitt. In einzelnen Kreisen ist aber auch in ihnen das Kronland größer. So im Gouvernement Warschau in den Kreisen Warschau (10,7%), Sochaczewo (10%), Wloclawek 8,8%, Gostynin 5,5%; in Plock in dem an Lomza und an Ostpreußen angrenzenden Kreise Przasznysz (12,6%), während in den übrigen Kreisen des Gouvernements das Kronland ganz minimal ist, und in Petrikau in den Kreisen Bendzin (9,7%) und Czenstochau (9%) sowie im Kreise Petrikau (6,3%). In den drei Gouvernements Kalisch, Lublin und Siedlec dagegen gibt es keinen Kreis, der über 5% der Fläche Kronland hätte; in Kalisch gibt es in den Kreisen Sieradz und Wielun je 6700 Deßjatinen Kronland, in Kolo 2100 Deßjatinen, in allen übrigen Kreisen übersteigt das Kronland nicht den Umfang von 1000 Deßjatinen. Zusammenfassend läßt sich sagen, daß das Kronland im Gouvernement Suwalki und weiter an der ostpreußischen Grenze entlang bis zum Kreise Przasznysz verhältnismäßig stark vertreten ist; außerdem ist es noch im Südwesten, in einigen Kreisen des Gouvernements Kielce und Radom, nennenswert; im übrigen ist es in den westlichen Teilen und auch im Osten und Südosten des Zartums besonders gering.

Offenbar hängt die Verteilung des Kronlandes über das Zartum hauptsächlich mit den in Polen vorhandenen Waldbeständen zusammen.

[1]) Die absoluten Zahlen siehe in Anlage III.

Von den 669 966 Deßjatinen Kronland im Zartum sind nämlich nicht weniger als 593 143 Deßjatinen Wald; dazu kommen noch 26 885 Deßjatinen Unland, so daß als Ackerland, Wiesen usw. nur 49 955 Deßjatinen bleiben [1]). Vergleicht man das oben über die Verteilung der Wälder Gesagte mit dieser Verteilung des Kronlandes, so sieht man, daß in den waldreichen Gouvernements Lomza und Suwalki auch das Kronland am umfangreichsten ist. Die Kreise, die hier den meisten Wald haben (Augustow, Sejny, Marjampol, Ostrow) haben auch den größten Anteil des Kronlandes an der Kreisfläche; der Kreis Wilkowyszki z. B. dagegen, der nur 5,3% Wald hat, hat auch nur 0,8% der Kreisfläche Kronland. Nur im Kreise Szczuczyn (Gouvernement Lomza) ist der Anteil des Kronlandes (19,1%) größer als der des Waldes (16,6%). Ähnlich wie in Suwalki und Lomza liegen die Verhältnisse in den an Kronland reichen Kreisen der Gouvernements Kielce und Radom; auch hier sind diese Kreise zugleich die waldreichsten. Die waldarmen Gegenden des Nordwestens (die Gouvernements Kalisch, Warschau und Plock) haben auch nur ganz wenig Kronland. Eine Ausnahme macht das Gouvernement Lublin, das durchweg waldreich ist (Kreis Zamosc 34,7%, Janow 30,1%, Bilgoraj 27,9% usw.), wo aber das Kronland durchweg unbedeutend ist (am stärksten im Kreise Chelm mit 3,7%); hier haben wir große Privatwaldungen; das über 50 000 Deßjatinen große Ordinariat der Grafen Zamojski z. B., das im Gouvernement Lublin liegt, wird gewiß seinen großen Anteil daran haben. Die absoluten Zahlen, die über die Ausdehnung der Staatsforsten in den einzelnen Kreisen vorliegen (bei Grabski a. a. O.), bestätigen, daß in vielen waldreichen Kreisen die Staatsforsten den Hauptteil der Waldungen ausmachen. So betragen z. B.

	die Waldungen im allgemeinen (in Deßjatinen)	die Staatsforsten
im Kreise Augustow	67 617	57 940
„ „ Marjampol	54 766	48 154
„ „ Sejny	64 712	49 249
„ „ Ostrolenka	36 453	24 963

Im Süden ist der Anteil der Privatwaldungen größer, so nehmen ein:

im Kreise Bendzin	31 813	11 927
„ „ Konsk	83 948	22 472
„ „ Kozienice	42 273	19 848
„ „ Ilza	47 929	13 919 usw.

[1]) Wladyslaw Grabski, Materialien zur Bauernfrage I, 61. Warschau 1907 poln.).

Urbar machen läßt sich von diesen Regierungswaldungen nur ein Teil (Grabski meint, höchstens 100 000 Deßjatinen); sie liegen durchweg auf den schlechtesten Böden, und ohnehin ist das Zartum im ganzen nicht gerade reich an Wald.

Das Kirchenland ist so unbedeutend, daß es in keiner Weise ins Gewicht fällt; der Besitz der katholischen Kirche ist nach 1863 zumeist eingezogen und teils zur Schaffung von Majoraten, teils zur Ausstattung landloser Bauern verwandt. Es betrug 1893 im ganzen Gouvernement Lomza 500 Morgen (1 Morgen = 0,51 Deßjatinen = etwa ½ ha), in Suwalki 965 Morgen, in Radom 1151 Morgen, in Warschau 1449 Morgen, in Kielce 1552 Morgen (0,1%), in Kalisch 1900 Morgen (0,1%); für die übrigen vier Gouvernements fehlen mir leider die Zahlen [1]).

Wir kommen nun zum privaten Großgrundbesitz, der, wie wir schon sahen, unvergleichlich umfangreicher ist als das Kronland. Er hat sich auch nach der Agrarreform von 1864, die ihn mit einem Schlage stark dezimierte, durch Parzellierung und die Ablösung der Servituten noch weiter vermindert. 1901 betrug der Großgrundbesitz (außer Majoraten und Kronland) noch 3,93 Millionen Deßjatinen; 1909 nur noch 3,57 Millionen Deßjatinen; es war also in fünf Jahren eine Verminderung von 360 000 Deßjatinen erfolgt [2]). In den 10 Jahren von 1894—1904 verlor der Großgrundbesitz im Gouvernement Kalisch z. B., wo allerdings auch mit am stärksten parzelliert wurde:

im Kreise	Wielun	12 242	Deßjatinen
„ „	Kalisch	11 002	„
„ „	Kolo	8 398	„
„ „	Konin	14 340	„
„ „	Lenczyca	10 552	„
„ „	Slupca	10 781	„
„ „	Sieradz	14 007	„
„ „	Turek	13 426	„

[1]) Vgl. Statistische Nachrichten über die zur Landbank gehörigen Güter. Warschau 1894 (für jedes Gouvernement 1 Heft) (polnisch).

[2]) Siehe Arb. des Warschauer Stat. Komitees Heft 25 und Heft 39 (russ.). Für 1906 wird der Privat-Großgrundbesitz nur auf 3,26 Millionen Deßjatinen angegeben (Arb. des Warschauer Stat. Komitees Heft 30 S. 16), vielleicht sind aber in dem Revolutionsjahr die Daten nicht vollständig eingegangen.

Im ganzen hat sich also die Gutsfläche im Gouvernement Kalisch in den 10 Jahren um 94 748 Deßjatinen vermindert, wobei zum Vergleich angeführt sei, daß die Ansiedlungskommission im ungefähr gleichgroßen Regierungsbezirk Bromberg von 1895 bis 1911, also in 16 Jahren, eine Gutsfläche von 108 196 ha erworben hat.

Eine ähnlich starke Parzellierung fand in den Gouvernements Kielce, Radom und Lublin statt, während die Gouvernements Plock und Lomza eine schwächere Parzellierung hatten; im Gouvernement Suwalki wurde in diesen 10 Jahren (abgesehen vom Kreise Augustow) fast gar nicht parzelliert[1]).

Um den Anteil des Großgrundbesitzes in den einzelnen Kreisen festzustellen, gehen wir bis ins Jahr 1904 zurück. Auch sind bei den folgenden Zahlen die Majorate (aber nicht das Kronland) einbegriffen; aus den in der Anlage ebenfalls mitgeteilten Zahlen über die Majorate aus dem Jahre 1909 ist aber wenigstens ungefähr zu entnehmen, wieviel von den folgenden Zahlen auf sie entfällt. Im ganzen Zartum gab es 1904 an privatem Großgrundbesitz 3 961 586 Deßjatinen oder 35,1% der Gesamtfläche. Auf die einzelnen Gouvernements verteilte er sich folgendermaßen:

Warschau	641 581	Deßjatinen	oder	41,6 %
Kalisch	442 995	„	„	43,4 %
Kielce	308 388	„	„	34,7 %
Lomza	160 993	„	„	17,8 %
Lublin	606 312	„	„	40,8 %
Petrikau..............	403 764	„	„	36,4 %
Plock	373 152	„	„	43,4 %
Radom	361 409	„	„	32,8 %
Suwalki...............	249 156	„	„	22,2 %
Siedlec	413 836	„	„	32,6 %

Gehen wir in die Kreise hinein — für jeden Kreis ist die absolute und die Verhältniszahl aus der Anlage III zu ersehen —, so nimmt der Großgrundbesitz

in einem Kreise (Kutno) mehr als 60 % der Fläche ein,
in fünf Kreisen (Wloclawek, Zamosc, Plock, Lipno, Rypin) 50—55 % der Fläche ein

[1]) Grabski a. a. O. S. 48/49 spricht irrtümlich von der Verminderung des Großgrundbesitzes im Zeitraum von 1889—1904; die Zahlen, die er gibt, betreffen in Wirklichkeit den Zeitraum von 1894—1904. Seine Angaben eben dort über den Umfang des Großgrundbesitzes in den einzelnen Kreisen im Jahre 1889 können nicht richtig sein.

in 12	Kreisen	45—50 %	der	Fläche	ein
in 16	„	40—45 %	„	„	„
in 14	„	35—40 %	„	„	„
in 10	„	30—35 %	„	„	„
in 12	„	25—30 %	„	„	„
in 4	„	20—25 %	„	„	„
in 6	„	15—20 %	„	„	„
in 4	„	10—15 %	„	„	„

34 Kreise haben also mehr als 40% Großgrundbesitz, 50 weniger; mehr als 50% hatten 1904 nur 6 Kreise. Den Gegenden nach ist der Großgrundbesitz, wie schon aus der gouvernementsweisen Zusammenstellung hervorgeht, am stärksten in der Nordwestecke, in den Gouvernements Kalisch und Plock und im Westen von Warschau vertreten. In Kalisch ist die Grundbesitzverteilung sehr gleichmäßig; alle Kreise (außer Konin) haben hier 40—49% Großgrundbesitz. Im Gouvernement Plock liegen von den fünf Kreisen mit 50—55% Großgrundbesitz allein drei; die Kreise Mlawa und Ciechanow haben auch noch über 40%. In dem ausgedehnten Gouvernement Warschau, das dann nach der Verhältniszahl des Großgrundbesitzes zur Fläche folgt, ist die Grundbesitzverteilung recht ungleichmäßig; in ihm liegt der Kreis Kutno, der mit 65,2% weitaus den meisten Großgrundbesitz im Zartum hat, während die in der Nähe liegenden Kreise Lowicz und Skierniewice z. B. nur 25,1% bzw. 28,8% Großgrundbesitz haben. Im ganzen haben die westlichsten Kreise (Kujawien) den meisten Großgrundbesitz: so Nieszawa 48,9%, Wloclawek 50,9%, Kutno 65,2%, Gostynin 40,7%. Außerdem ist er in den Weizengegenden um Warschau herum stärker vertreten, so macht der Großgrundbesitz in dem Kreise Warschau 41,2%, in Blonie 47,1%, in Grojec 48,2% und in Rawa (Gouvernement Petrikau) 43,8% aus. Wie schon gesagt, ist in den Gegenden mit guten Böden der Großgrundbesitz verhältnismäßig am stärksten. Auch im Gouvernement Lublin zeigt sich das: in den Kreisen Zamosc fallen auf den Großgrundbesitz 51,3%, in Hrubieszow 49,6%, in Krasnystaw 47% und in Tomaszow 46,5%. In den fruchtbaren Kreisen an der oberen Weichsel ist zwar der bäuerliche Besitz durchweg stärker vertreten als der Großgrundbesitz; immerhin ist aber auch der letztere hier stärker als im Durchschnitt des Zartums; er nimmt in den Kreisen Opatow und Sandomierz je 42% ein; in Miechow 40,5%, in Pinczow 47,6%, in Stopnica freilich nur 37,9% und in Olkusz

bloß 20,9%. Auch die nördlich daran anstoßenden Kreise haben zum Teil stärkeren Großgrundbesitz, so Nowo-Radomsk (Gouvernement Petrikau) 46%, im Gouvernement Kielce die Kreise Jendrzejow (40,3%) und Wloszczawa (46,7%), im Gouvernement Radom der Kreis Konsk (43,3%). In Konsk und vielleicht auch in Wloszczawa ist die reiche Bewaldung des Kreises die Ursache dieser Grundbesitzverteilung. Am schwächsten ist der Großgrundbesitz im Nordosten des Landes, in den Gouvernements Suwalki, Siedlec und namentlich in Lomza. In Suwalki hat nur der Kreis Wilkowyszki mit 32,7% über 30%; die Kreise (Kalwarja, Marjampol und Sejny) haben zwischen 21% und 28% und die drei übrigen (Suwalki, Augustow und Wladyslawow) zwischen 13—18%. Von den Kreisen des Gouvernements Siedlec hat nur der Kreis Radzin (41,3) über 40% Großgrundbesitz; im übrigen schwankt der Anteil des Großgrundbesitzes in dem Gouvernement zwischen 25% und 37%. In Lomza haben die Kreise Lomza und Makow je 25%, alle andern unter 20%. Auch im Gouvernement Radom (abgesehen von den drei schon erwähnten Kreisen Konsk, Opatow und Sandomierz) beträgt der Großgrundbesitz nur zwischen 23,7 und 30,8%. Etwas stärker ist der Großgrundbesitz im Gouvernement Petrikau (wo nur der Kreis Bendzin bloß 19,7% hat), in den östlichen Kreisen Warschaus und in den weniger guten Kreisen Lublins; er nimmt hier durchweg 30—40% der Fläche ein. Zusammenfassend stellen wir fest, daß der ganze Osten des Zartums, alles Gebiet rechts der Weichsel, abgesehen vom Gouvernement Plock und den fruchtbaren vier bis fünf Kreisen Lublins, überwiegend Bauernland ist. Links der Weichsel, im Weichselbogen, ist die Grundbesitzverteilung mannigfacher und der Großgrundbesitz im ganzen stärker. Hier treten als Gebiete des Großgrundbesitzes folgende Gegenden hervor, wobei die Kreise ins Auge gefaßt werden, die mehr als 40% der Fläche Großgrundbesitz haben: 1. und vor allem die Nordwestecke, also das ganze Gouvernement Kalisch, und die vier westlichsten Kreise von Warschau (Nieszawa, Wloclawek, Kutno, Gostynin), in denen also auch in dieser Hinsicht die gleichen Verhältnisse herrschen wie ist Kalisch; sodann 2. der Südrand, 3. daran nördlich angrenzend die Kreise Jendrzejow, Wloszczawa, Radomsk und Konsk und 4. die Umgegend von Warschau links der Weichsel, d. h. die Kreise Rawa, Grojec, Blonie und Warschau.

Günstiger für den Großgrundbesitz wird das Bild natürlich, wenn man noch das Kronland hinzurechnet. Die Zahl der Kreise, in denen Privatgroßbesitz und Kronland mehr als 50% der Fläche einnehmen, erhöht sich dann von 6 auf 11, die Zahl der Kreise mit 45—50% von 12 auf 21, dafür vermindern sich die mit 40—45% von 16 auf 14. Im ganzen haben also 46 Kreise (von 84) mehr als 40% großen Privatbesitz und Kronland. Das Bild verschiebt sich am stärksten in den Gouvernements Suwalki und Lomza, in den übrigen Gouvernements fällt ja das Kronland nur in vereinzelten Kreisen stärker ins Gewicht. Kronland und Großgrundbesitz zusammen nehmen ein: im Gouvernement Suwalki im Kreise Sejny 49,7%, im Kreise Augustow 49,3%, in Marjampol 45,8%, Kalwarja 32,4%, in Wladyslawow 31,5%, in Wilkowyszki 33,5%; im Gouvernement Lomza im Kreise Szczuczyn 38,3%, Kreis Kolno 29,3%, Ostrolenka 29,7%, in Ostrow 36,7% und in Przasznysz (Gouvernement Plock) 39,6%. Auch so bleibt also hier das Übergewicht des Kleinbesitzes bestehen.

Der Großgrundbesitz des Zartums besteht der Hauptsache nach nicht aus großen Gütern oder gar Latifundien, sondern aus kleinen Besitzungen. Nach dem Warschauer Statistischen Komitee gab es im Jahre 1906 im Zartum 7417 Güter mit einem Umfang von 3 269 636 Deßjatinen[1]); die mittlere Größe des Gutes war demnach 440,8 Deßjatinen. Diese mittlere Größe des Zartums wird überschritten in den Gouvernements Lublin, wo die Durchschnittsgröße der Güter 796,2 Deßjatinen beträgt, in Siedlec 653,5 Deßjatinen, in Petrikau 457,6 Deßjatinen und in Radom 442 Deßjatinen. In den übrigen Gouvernements haben die Güter folgende Durchschnittsgröße: in Lomza 426,7 Deßjatinen, in Kielce 414,5 Deßjatinen, in Kalisch 400 Deßjatinen, in Suwalki 369,7, in Warschau 357,9 Deßjatinen und in Plock 319,3 Deßjatinen. In den einzelnen Kreisen ist das Bild im ganzen kein anderes. Es gibt nur drei Kreise, in denen die Durchschnittsgröße der Güter 1000 Deßjatinen und mehr beträgt: die Kreise Bilgoraj (2143,4 Deßjatinen) und Janow (1054,2 Deßjatinen) im Gouvernement Lublin und Kreis Konsk (1152 Deßjatinen) im Gouvernement Kielce. Außerdem gibt es noch 25 Kreise, in denen die Güter 500—1000 Deßjatinen Durchschnittsgröße haben; es sind in erster Linie die übrigen acht Kreise des Gouvernements Lublin (im

[1]) Vgl. S. 43 Anm. 2.

ganzen Gouvernement Lublin gibt es keinen Kreis mit einer Durchschnittsgröße der Güter von weniger als 500 Deßjatinen) und zweitens sieben Kreise des Gouvernements Siedlec. Die übrigen zehn Kreise mit einer Durchschnittsgröße zwischen 500—1000 Deßjatinen verteilen sich wie folgt auf die Gouvernements:

Gouvernement	Warschau,	Kreis	Gostynin	623,6	Deßjatinen
„	Kalisch,	„	Wielun	518,8	„
„	Kielce,	„	Wloszczawa	944,0	„
„	Lomza,	„	Kolno	991,0	„
„	„	„	Makow	604,5	„
„	„	„	Ostrolenka	830,1	„
„	Petrikau,	„	Nowo-Radomsk	642,8	„
„	„	„	Rawa	523,4	„
„	„	„	Czenstochau	638,3	„
„	Plock,				
„	Radom	(s. oben Kreis Konsk)			
„	Suwalki,	Kreis	Wladyslawow	822,4	„

Eine geringere Durchschnittsgröße als 300 Deßjatinen haben die Güter in folgenden 14 Kreisen:

Gouvernement	Warschau,	Kreis	Warschau	(288,1	Deßjatinen)
„	„	„	Plonsk	(255,5	„)
„	„	„	Skierniewice	(222,1	„)
„	Kalisch,	„	Lenczyca	(286,3	„)
„	Kielce,	„	Miechow	(292,0	„)
„	„	„	Kielce	(260,9	„)
„	Lomza,	„	Ostrow	(268,9	„)
„	Lublin,				
„	Petrikau,	Kreis	Bendzin	(263,2	„)
„	Plock,	„	Plock	(233,7	„)
„	„	„	Sierpec	(266,7	„)
„	„	„	Przasznysz	(270,0	„)
„	Radom,	„	Sandomierz	(274,8	„)
„	Suwalki,	„	Kalwarja	(251,5	„)
„	„	„	Suwalki	(183,2	„)
„	Siedlec,				

In den übrigen 42 Kreisen (von 84) schwankt die Durchschnittsgröße der Güter zwischen 300 und 500 Deßjatinen. Einen etwas näheren Einblick in die Größenverhältnisse der Güter gewinnt man noch aus den Veröffentlichungen der Landbank[1]); doch stammen die

[1]) Statistische Nachrichten über die zur Landbank gehörenden Güter. Warschau 1894 (poln.).

vorliegenden Zahlen aus dem Jahre 1893; für die vier Gouvernements Plock, Petrikau, Lublin und Siedlec fehlt auch zurzeit diese Quelle. Danach gab es 1893 Güter:

	von 300—1000 Morgen			von 1000—3000 Morgen			über 3000 Morgen [1])		
	Zahl	Umfang in Morgen	Proz. der Fläche	Zahl	Umfang in Morgen	Proz. der Fläche	Zahl	Umfang in Morgen	Proz. der Fläch.
im Gouv. Kalisch ..	539	313884	17	262	429856	23	51	236269	13
" " Kielce ...	389	223646	15,3	158	261692	17,9	46	237911	16,3
" " Warschau	762	445604	21	294	443313	21	50	257889	12
" " Radom ..	346	198487	13	157	252823	16	24	194279	12
" " Lomza ..	181	99460	7	102	174466	12	40	205488	14
" " Suwalki .	168	97766	6	88	138980	8	27	149457	9

Hiernach blieb damals der Anteil der größten Güter (über 3000 Morgen) an der vom Privateigentum (Bauern- und Großgrundbesitz) eingenommenen Fläche hinter dem der übrigen erheblich nur in den Gouvernements Warschau, Kalisch und zum Teil in Radom zurück; da sich die Verhältnisse aber wahrscheinlich stark geändert haben, scheint es zwecklos, an der Hand dieser veralteten Zahlen in die Kreise hineinzugehen.

Die von der Landbank beliehenen Güter gehörten 1893 folgenden Besitzern:

	russischen Staatsuntertanen						fremden Staatsuntertanen		
	Christen			Juden					
	Zahl der Güter	Umfang in Morgen	Proz.	Zahl	Umfang in Morgen	Proz.	Zahl	Umfang in Morgen	Proz.
Gouv. Kalisch	1188	804295	86,3	65	69192	7,4	26 [2])	58578	6,3
" Kielce	595	500465	80,1	51	51058	8,2	72 [3])	73005	11,7
" Radom	772	628098	90,7	39	28341	4,1	15	36140	5,2
" Warschau ..	1603	1042380	94,2	74	61225	5,5	6	4256	0,3
" Lomza	368	329613	92,5	27	26712	7,5	—	—	—
" Suwalki ...	442	260724	84,1	67	45370	14,1	7	4069	1,3

Wieweit unter dem Privatgroßgrundbesitz „Ordinariate", die etwa unseren Fideikommissen entsprechen, vertreten sind, vermag ich nicht anzugeben. Sie sind eine Schöpfung der polnischen Adelsoligarchie; doch haben sich bis in die Gegenwart anscheinend nur wenige erhalten: so das der Grafen Zamojski, Myszkowski und Krasinski; letzteres ist

[1]) Ein (neupolnischer) Morgen = 0,51 Deßjatinen = etwa ½ ha.
[2]) hauptsächlich Polen aus Preußen, einige auch aus Galizien.
[3]) fast alles galizische Polen.

jüngeren Datums. Am größten ist das Zamojskische Ordinariat, das allein 51 000 Deßjatinen umfaßt.

Wir stellen nun noch die Preise zusammen, die für eine Deßjatine 1904 in den einzelnen Gouvernements durchschnittlich bezahlt wurden: in Warschau 209 Rubel, in Kalisch 190 Rubel, in Kielce 289 Rubel, in Lomza 101 Rubel [1]), in Lublin 289 Rubel, in Petrikau 160 Rubel, in Plock 140 Rubel [2]), in Radom 219 Rubel, in Suwalki (1902) 148 Rubel, in Siedlec 153 Rubel [3]).

Für die späteren Jahre haben sich nach den bei der Bauernbank abgeschlossenen Verkäufen für den **Morgen** (= 0,51 Deßjatinen) die folgenden Durchschnittspreise in den einzelnen Gouvernements ergeben (in Rubeln):

	Gouvernements										
	Kgr. Polen	Kalisch	Kielce	Lublin	Lomza	Petrikau	Plock	Radom	Siedlec	Suwalki	Warschau
1912	160	185	179	202	140	144	148	159	147	123	173
1911	137	128	142	184	146	98	120	200	125	89	144
1910	130	130	145	186	108	110	110	145	113	85	172
1906/10	113	109	142	156	78	86	98	118	109	—	128

Eine besondere Kategorie im Großgrundbesitz bilden die **Majorate**; ihre Zahl betrug 1909: 302; sie umfaßten: 334 193 Deßjatinen oder 3,0% (1901: 346 896 Deßjatinen). Die „Majorate" sind Regierungsland, das verdienten Privatpersonen russischer Herkunft verliehen ist; zuerst geschah das 1807 an einige französische Generale, in besonders großem Umfang erfolgte dann die Schaffung von Majoraten nach den Aufständen von 1830 und 1863. Der Zweck, den seinerzeit Nikolaus I. und Fürst Paskiewicz damit verfolgten, das Zartum mit einem Netz russischer Güter zu überziehen und dadurch eine revolutionäre Bewegung zu verhindern, ist nicht erreicht; heute ist der größte Teil der Majorate an Polen verpachtet. Nach der Wielka Encyklopedia (Art. Majoraty) wohnen von den Donatarien nur 38 (etwa 14%) im Zartum; auch diese verwalten größtenteils nur Wald.

In den einzelnen Gouvernements betrug die Zahl und der Umfang der Majorate [4]) (1909):

---

[1]) 1901: 110 Rubel; 1902: 179 Rubel; 1903: 121 Rubel.

[2]) 1900: 145 Rubel; 1901: 170 Rubel; 1902: 146 Rubel; 1903: 131 Rubel.

[3]) 1900: 126 Rubel; 1901: 154 Rubel; 1902: 173 Rubel; 1903: 168 Rubel. (Die Preisangaben in Heft 30 des Warsch. Stat. Komitees S. 15/16 [russ.].)

[4]) Arb. des Warschauer Stat. Komitees Heft 39 (russ.) Über die Majorate s. Jozef Kaczkowski, Die Majorate im Königreich Polen im Ekonomista,

			Zahl					
im Gouvernement		Warschau	28	29 896	Deßjatinen	oder	2,0 %	Gouv.-Fläche
„	„	Kalisch	33	30 870	„	„	3,0 %	„
„	„	Kielce	37	34 651	„	„	3,9 %	„
„	„	Lomza	22	21 657	„	„	2,4 %	„
„	„	Lublin	17	25 972	„	„	1,7 %	„
„	„	Petrikau	41	37 717	„	„	3,4 %	„
„	„	Plock	13	7 686	„	„	0,9 %	„
„	„	Radom	41	43 077	„	„	3,9 %	„
„	„	Suwalki	44	59 965	„	„	5,4 %	„
„	„	Siedlec	26	42 702	„	„	3,3 %	„

Am größten ist ihr Umfang also in den Gouvernements Suwalki, Radom und Siedlec, am geringsten in Lomza und namentlich in Plock; in den übrigen sechs Gouvernements ist ihr Umfang ziemlich gleich groß. In den Kreisen weist die Verteilung der Majorate nichts Bemerkenswertes auf; über 10 000 Deßjatinen beträgt ihr Umfang nur in den Kreisen Kalwarja (13 966 Deßjatinen), Wilkowyszki (15 020 Deßjatinen), beide im Gouvernement Suwalki, Kozienice (Gouvernement Radom) (11 560 Deßjatinen) sowie in Wlodawa (10 651 Deßjatinen) und Lukow (12 089 Deßjatinen), beide im Gouvernement Siedlec; in allen übrigen Kreisen entfallen weniger als 10 000 Deßjatinen auf sie. Die näheren Einzelheiten darüber sind aus der Anlage III zu ersehen. Von den 346 896 Deßjatinen, die die Majorate 1901 umfaßten, entfallen 203 685 Deßjatinen oder 59,1% auf bebautes Land und Wiesen, 109 042 Deßjatinen oder 31,6% auf Wald, 32 192 Deßjatinen oder 9,3% auf anderes Land [1]).

b) Der Kleinbesitz.

Der Kleinbesitz zerfällt in das Eigentum der Bauern, der kleinen Schlachta und der Fleckeneinwohner. Was zunächst den Umfang dieser Kleinbesitzungen der Fläche nach und seinen Anteil an der Gesamtfläche betrifft, so besaßen 1904 im ganzen Zartum:

die Bauern

5 508 092 Deßjatinen oder 48,8% der Gesamtfläche

die kleine Schlachta

651 740 „ „ 5,8% „ „

1907, Teil I u. II (poln.); dort auch ein Verzeichnis aller Majorate. Leider ist der Band anscheinend in Deutschland nicht vorhanden.

[1]) Die Einzelangaben ergeben zusammen nur 344 919 Deßjatinen.

die Fleckenbürger

292 367 Deßjatinen oder 2,6% der Gesamtfläche[1])

Auf die einzelnen Gouvernements verteilte sich der Kleinbesitz

	Zahl der Stellen	Umfang i. Deßjat.	Proz der Gesamtfläche
Gouvernement Warschau	122 830	802 751	52,1
„ Kalisch	106 791	545 241	53,4
„ Kielce	128 046	491 034	55,2
„ Lomza	71 971	617 654	68,4
„ Lublin	164 534	819 590	55,4
„ Petrikau	126 060	632 336	57,1
„ Plock	56 403	451 555	52,6
„ Radom	132 624	644 101	58,4
„ Suwalki	65 667	649 360	57,8
„ Siedlec	120 583	798 577	63,0
Zartum im ganzen	1 095 509	6 452 199	57,2

Es gibt einen Kreis im Zartum, in dem über 80% der Fläche in den Händen der Kleinbesitzer sind: Masowien (Gouvernement Lomza) mit 82,7% (64,8% sind davon in den Händen der kleinen Schlachta), 4 Kreise mit über 70% Kleinbesitz (Lowicz, Radom, Suwalki und Siedlec) und 27 Kreise mit über 60% Kleinbesitz. Wie aus der obigen gouvernementsweisen Zusammenstellung hervorgeht, überwiegt der Kleinbesitz besonders stark im Nordosten des Zartums. Von diesen 32 Kreisen mit mehr als 60% Kleinbesitz entfallen 20 auf den Nordosten: nämlich alle 7 Kreise des Gouvernements Lomza, 7 Kreise des Gouvernements Siedlec (weniger haben nur die Kreise Konstantynow und Radzyn), 4 Kreise (von 7) des Gouvernements Suwalki (Wladyslawow, Wilkowyszki, Kalwarja und Suwalki); ferner kann man noch den an Siedlec angrenzenden Kreis Radzymin des Gouvernements Warschau und auch den Kreis Sierpec (Gouvernement Plock) zu diesem Gebiet rechnen. Von den übrigen 12 Kreisen entfallen 4 aufs Gouvernement Radom (Jlza, Kozienice, Opoczno, Radom), je 2 auf das Gouvernement Warschau westlich der Weichsel (Lowicz und Skierniewice), Lublin (Lubartow und Pulawy), Petrikau (Bendzin und Lodz) und je einer auf Kalisch und Kielce (Konin und Olkusz).

Dieser Kleinbesitz, der, wie wir sehen, im ganzen genommen in der Grundbesitzverteilung des Zartums dominiert, ist nun sowohl seiner inneren Struktur nach als auch nach seinen Besitzverhältnissen durchaus keine einheitliche Masse.

[1]) 1909 besaßen die Bauern 5 505 707 Deßjatinen, die kleine Schlachta 678 992 Deßjatinen, die Fleckeneinwohner 296 709 Deßjatinen.

Zunächst die **kleine Schlachta** (szlachta drobna oder zagonowa), der Bauernadel, auch als szlachta chodaczkowa („Bastschuhadel") bekannt. Sie sitzt im Nordosten des Zartums massiert, und zwar namentlich im Gouvernement Lomza, in den nördlichen Kreisen von Siedlec und den östlichen Kreisen des Gouvernements Plock. Im Gouvernement Lomza waren 1904: 35,4% des gesamten Bodens in den Händen der kleinen Schlachta; fast ebenso groß ist ihr Anteil an der Fläche im Kreise Siedlec; im Gouvernement Plock gehören ihr im Kreise Ciechanow 27,8% der Fläche, in Przasznysz 26,6%; auch in den Kreisen Mlawa und Sierpec des Gouvernements Plock und in den Kreisen Wengrow und Lukow des Gouvernements Siedlec gehören ihr noch über 15% des Bodens. Sie stammt von den Ansiedlern, die einst von den polnischen Königen zum Schutz gegen die Litauer angesiedelt wurden — das ist wenigstens die gangbare Lesart; daraus würde sich aber gut erklären, daß sie in dem überwiegend litauischen Gouvernement Suwalki so gut wie ganz fehlt. Die kleine Schlachta bildet der Zahl nach einen erheblichen Bruchteil der ländlichen Bevölkerung; die Zahl ihrer Stellen betrug 1904 rund 53 000, ihre Kopfzahl wird, vielleicht etwas zu hoch, auf annähernd eine Million geschätzt [1]). Wirtschaftlich hat sie bäuerlichen Charakter; durch zahllose Teilungen ist hier der Besitz der Schlachzizen, ähnlich wie in den kaschubischen Kreisen Westpreußens, zum Kleinbesitz zusammengeschrumpft; die zahlreichen gleichen Ortsnamen, die sich nur durch hinzugesetzte Personennamen unterscheiden, deuten noch auf die alten familiären Zusammenhänge hin. Immerhin bildet die kleine Schlachta, wirtschaftlich betrachtet, auch heute noch die oberste Schicht der Kleinbesitzer, sie ist im ganzen wohlhabender als die andern Kleinbesitzer; ihre Stellen sind auch im Durchschnitt mehr als doppelt so groß als der Durchschnitt der bäuerlichen Stellen (12,3 Deßjatinen gegen 5,8 Deßjatinen). Sie stellt den ältesten Teil des polnischen Bauernstandes dar; der Boden, den sie bebaut, ist seit alters ihr freies Eigentum; sie ist deshalb auch innerlich und in ihrer Wirtschaftsweise ganz individualisiert und dem westeuropäischen Bauern ähnlich.

Die **Fleckenbürger**, die die zweite Kategorie der Kleinbesitzer bilden, sind nicht weniger individualisiert als der Kleinadel. Sie setzen sich meist aus dörflichen oder kleinstädtischen Handwerkern zusammen,

---

[1]) Ad. Zakrzewski, Verfassung der Landwirtschaft im Königreich Polen (poln.), in Polska, Obrazy i opisy II, 688.

die neben ihrem gewerblichen Beruf noch etwas Landwirtschaft treiben. Daraus erklärt sich, daß der Besitz des Fleckenbürgers durchschnittlich nur 3,5 Deßjatinen umfaßt. Räumlich ist diese Besitzerklasse ziemlich gleichmäßig über das Zartum verbreitet; am stärksten sind sie verhältnismäßig in den Gouvernements Radom, Petrikau und Kielce, im alten Kleinpolen, vertreten, am schwächsten in den Gouvernements Warschau, Plock, Lomza und Suwalki, also in Masowien und Litauen. Auf Einzelheiten braucht nicht eingegangen zu werden; die Zahlen für jedes Gouvernement und jeden einzelnen Kreis sind aus Anlage III zu ersehen.

Die Hauptmasse der ländlichen Bevölkerung bilden die Bauern[1]). In Russisch-Polen waren vor der Agrarreform, wie überall, die bäuerlichen Besitzrechte sehr verschieden. Ein großer Teil der Bauern war schon vor 1864 mit einem guten Besitzrecht (meist mit erblichem Zinsrecht) ausgestattet. Dahin gehörten zunächst alle Bauern, die auf Regierungsland saßen; 1864 waren das 121 555 Stellen. Ferner hatten von den 220 943 Bauernstellen, die 1864 auf den Böden des privaten Großgrundbesitzes lagen, 40 033 ein erbliches Zinsrecht, und schließlich gehören in diese Klasse 85 251 Stellen von Fleckeneinwohnern, so daß im ganzen also 246 739 Bauern (oder 58%) ein gutes Besitzrecht hatten, das auch schon vor 1864 eine individuelle Wirtschaft erlaubte[2]), während 180 910 Bauern ein mehr oder weniger schlechtes Besitzrecht hatten. Der ersteren, größeren Gruppe brachte die Eigentumsverleihung von 1864 kaum eine nennenswerte Besserung ihrer Lage: der Zins fiel fort, dafür verdoppelte sich aber bald die Grundsteuer. Von den übrigen 180 910 Bauern waren 48 860 Bauern teils auf Zeitpacht, teils auf Zins mit Frondiensten angesetzt; es fehlte also entweder die Selbständigkeit des Verhältnisses oder die Möglichkeit, die ganze Arbeitszeit für die eigene Wirtschaft zu verwenden. Dieser Klasse brachte der Ukas von 1864 wichtige Verbesserungen: er gab ihr das volle Eigentumsrecht gegen die Zahlung der Steuern. Die übrigen 132 050 Bauern (von jenen 180 910) oder 30% aller damals vorhandenen Bauern waren Fronbauern. Sie hatten von der Reform den größten Vorteil: sie erhielten das Eigentum und außerdem wurde ihr Recht auf die Servituten, das seit 1848 — die Agrarreform hat eine lange

[1]) Zum Folgenden vgl. Grabski a. a. O. S. 7 ff. und passim.

[2]) Rechnet man die kleine Schlachta noch hinzu, so hebt sich der Anteil dieser Bauern an der Gesamtzahl auf 60%.

und auch politisch interessante Vorgeschichte — umstritten war, zu ihren Gunsten in dem Umfange anerkannt, in dem es faktisch ausgeübt war.

Das waren die Bauernklassen, die schon vor 1864 Grund und Boden besaßen. Dazu kommen nun die, die damals noch kein Land hatten, sondern es erst durch den Ukas von 1864 erhielten. Der Ukas schuf rund 170 000 neue bäuerliche Stellen. Sie zerfielen wieder in verschiedene Kategorien. Am besten waren noch die daran, die sogenannte leere Stellen (pustki) (das waren Stellen, die ehemals Bauern gehört hatten, aber die von den Besitzern aufgegeben waren und nun von dem Ukas wieder hervorgezogen wurden) erhielten; auf ihnen wurden 43 220 Stellen neu geschaffen mit einer Ausstattung von 291 927 Morgen, auf jede Stelle kamen also durchschnittlich 6,7 Morgen (der Morgen etwa = ½ Deßjatine). Für die Komorniks, Tagelöhner usw., die auf den Privatgütern arbeiteten, schuf die Regierung 84 033 Stellen mit 436 080 Morgen, die dem Großgrundbesitz entnommen wurden; durchschnittlich erhielt jede Stelle also 5,2 Morgen. Die rechtliche Grundlage dafür war zweifelhaft, aber der Ukas wurde so interpretiert, daß jeder das Land erhalten solle, aus dem er Nutzen ziehe, und da die Tagelöhner durchweg Kartoffelland zum Nutznieß hatten, auch Weide für die Kuh — so erhielten sie nun dies Land. Schließlich wurden noch auf den Majoraten 2896 Stellen mit 9210 Morgen (3,2 Morgen auf die Stelle) und auf dem Regierungsland 42 344 Stellen mit 158 097 Morgen oder 3,7 Morgen auf die Stelle geschaffen; die Regierung stattete also auf ihren eigenen Ländereien die neuen Bauern fast am allerschlechtesten mit Land aus. Hier wie bei der Servitutenfrage tritt es besonders deutlich hervor, daß die Regierung bei der Reform gar nicht von wirtschaftlichen, sondern von politischen Gesichtspunkten geleitet wurde.

Wir wissen nicht, wie sich die einzelnen Gruppen weiter entwickelt haben, auch nicht, wie in jeder einzelnen heute die Besitzverhältnisse sind. Die früheren Unterschiede sind noch nicht verwischt, der Kenner des Landes unterscheidet noch heute oft, ob in einem Dorfe frühere Erbzinsbauern oder Fronbauern sitzen; namentlich die Servituten und Streuländereien mit ihrer Landverschwendung auf Wege und Ackerraine, die in den von Erbzinsbauern bewohnten Dörfern sehr selten sind, sind für die alten Fronbauern charakteristisch. Jedenfalls aber ist der polnische Bauernstand — das möchten wir unterstreichen — im Gegensatz zum russischen zu einem guten Teil in ganz westeuropäischer Weise individualisiert; man kann annehmen, daß die alten Erbzinsbauern auf Regierungs- und Privatland, die zum Teil seit dem Ende des 18. Jahrhunderts individuell wirtschaften, die kleine Schlachta und die Fleckenbürger heute etwa ein Drittel des ganzen polnischen Bauernstandes ausmachen. Ganze Gegenden, namentlich im Westen des Zartums, erhalten durch diesen fest in seinem Besitz wurzelnden Bauernstand ihre Physiognomie, z. B. das „Fürstentum Lowicz", wo sich auf ehemals geistlichem Grund und Boden, ähnlich wie im Bistum Ermland, dieser Bauernstand durch lange Zeit erhalten hat. Auch die Fronbauern nähern sich dort, wo die Servituten abgelöst sind, diesem Typ, während allerdings dort, wo die Servituten noch bestehen, und bei der Masse der Zwergbesitzer der individualistische Charakter des polnischen Bauern zurücktritt.

Damit stimmt überein, daß der gemeinsame Besitz im Zartum zwar nicht groß, aber doch beachtenswert ist. Die folgende Aufstellung zeigt nach dem Stande von 1904, wie es sich damit in den einzelnen Gouvernements verhielt:

		Kleinbesitz im ganzen	davon gemeinschaftlicher Besitz	Prozent des Kleinbesitzes
		in Deßjatinen		
Gouvernement Warschau	B.[1])	742 525	28 787	3,0
	S.	35 801	1 859	5,2
	Fl.	24 425	3 479	15,0
	zus.	802 751	34 125	4,3
Gouvernement Kalisch	B.	522 989	28 014	5,4
	S.	—	—	—
	Fl.	22 252	6 801	31,0
	zus.	545 241	34 815	6,4
Gouvernement Kielce	B.	463 441	56 845	12,3
	S.	152	—	—
	Fl.	27 441	7 993	29,1
	zus.	491 034	64 838	13,2
Gouvernement Lomza	B.	279 956	32 506	11,8
	S.	319 393	40 670	12,7
	Fl.	18 305	4 074	22,2
	zus.	617 654	77 250	12,5

[1]) B. = Bauern, S. = kl. Schlachta, Fl. = Fleckeneinwohner, zus. = zusammen.

		Kleinbesitz im ganzen	davon gemeinschaftlicher Besitz	Prozent des Kleinbesitzes
		in Deßjatinen		
Gouvernement Lublin	B.	780 650	83 263	10,7
	S.	2 212	106	4,9
	Fl.	36 728	6 500	17,7
	zus.	819 590	89 869	11,0
Gouvernement Petrikau	B.	583 594	41 961	7,2
	S.	9 652	514	5,4
	Fl.	39 090	11 453	29,3
	zus.	632 336	53 928	8,5
Gouvernement Plock	B.	313 953	19 383	6,2
	S.	124 482	5 437	4,4
	Fl.	13 120	4 497	34,3
	zus.	451 555	29 317	6,5
Gouvernement Radom	B.	602 419	64 654	10,7
	S.	—	—	—
	Fl.	41 682	9 651	23,2
	zus.	644 101	74 315	11,5
Gouvernement Suwalki	B.	624 865	29 319	4,7
	S.	4 067	168	4,1
	Fl.	20 428	7 387	36,2
	zus.	649 360	36 874	5,7
Gouvernement Siedlec	B.	593 700	60 961	10,3
	S.	155 981	16 341	10,5
	Fl.	48 896	7 844	16,0
	zus.	798 577	85 146	10,7
Zartum im ganzen	B.	5508 092	445 703	8,1
	S.	651 740	65 095	10,0
	Fl.	292 367	69 679	23,8
	zus.	6452 199	580 477	9,0

Wie aus dieser Tabelle hervorgeht, ist der gemeinschaftliche Besitz verhältnismäßig am bedeutendsten bei den Fleckeneinwohnern, was sich daraus erklärt, daß ihr Besitz überwiegend aus Weiden besteht. Bei den Bauern ist der gemeinschaftliche Besitz besonders groß in den Gouvernements Kielce, Radom und Lublin. Hier liegt die Ursache offenbar in den besonders ungünstigen bäuerlichen Besitzverhältnissen, auf die wir gleich zurückkommen. Wenn sodann auch in den Gouvernements Lomza und Siedlec sowohl bei der kleinen Schlachta wie bei den Bauern der gemeinschaftliche Besitz verhältnismäßig groß ist, so sei wenigstens die Vermutung ausgesprochen, daß hier die reichlich vorhandenen „Wiesen und Weiden", die Sumpfgebiete, ins Gewicht fallen: die wiesen- und weidenreichen Kreise des Gouvernements Lomza (Szczuczyn, Kolno, Ostrolenka, Makow) haben auch den umfangreichsten gemeinschaftlichen Besitz, im Gouvernement Plock fällt auf den Kreis Przasznysz, der mit 21,6% der Fläche weitaus am meisten Wiesen und Weiden im Gouvernement hat, mit 11 126 Deßjatinen gemeinschaftlichen Besitzes mehr als ein Drittel des im ganzen Gouvernement vorhandenen Gemeinbesitzes; im Gouvernement Siedlec hat der an Weiden und Wiesen reichste Kreis Wlodawa absolut auch am meisten Gemeinbesitz, während ihn nach der Verhältniszahl der nicht besonders weiden- und wiesenreiche Kreis Konstantynow allerdings übertrifft. Ferner fällt wohl ins Gewicht, daß hier der Kleinbesitz überhaupt besonders stark vertreten ist und infolgedessen auch der Gemeinbesitz, und endlich spielt auch wohl die geringere Intensität der Landwirtschaft in den östlichen Distrikten hierbei eine Rolle. Es ist schwerlich ein Zufall und wohl nicht allein durch die Grundbesitzverteilung zu erklären, daß die westlichen Gouvernements Kalisch, Plock und Warschau, die die intensivste Landwirtschaft aufweisen, auch den geringsten Gemeinbesitz haben.

Wie sind nun die Besitzverhältnisse der Kleinbesitzer? Die folgende Tabelle [1]) gibt darüber zusammenfassend Auskunft:

[1]) Die obige, dem Buche von Grabski (S. 26) entnommene Tabelle stimmt mit den in der Anlage III gegebenen Zahlen, die aus Heft 21 des Warschauer Statistischen Komitees zusammengestellt sind, nicht genau überein. Der Grund liegt darin, daß das Warschauer Komitee die „Anteils"-Besitzungen und die „zugekauften" Besitzungen besonders rechnet, ohne festzustellen, wieviel von den letzteren wirklich zur Schaffung neuer Stellen und wieviel nur zur Vergrößerung des „Anteil"-Landes gedient haben. Es haben im ganzen bis 1904 179 096 Käufe stattgefunden; davon fallen 83 304 auf Inhaber von Anteilland und 95 772 auf sogenannte Landlose. Die ersten 83 304 Käufe haben der Regel nach wohl nicht zur Schaffung neuer Stellen geführt; sie sind deshalb von der vom Warschauer Stat. Komitee angegebenen Gesamtzahl von 1 094 544 Stellen (muß rechnerisch richtig heißen: 1 095 509) abzusetzen. Auf diese Zählungsweise des Warschauer Stat. Komitees weist auch Cleinow hin (I., 178 f.); weshalb er nur die Hälfte dieser Zahl (41 652) abzieht, ist nicht ganz ersichtlich. Grabski hat darauf durch Prozentrechnung die Anzahl der Betriebe in den verschiedenen bäuerlichen Größenklassen festzustellen gesucht und ist für die einzelnen Gouvernements zu den in der obigen Tabelle mitgeteilten Zahlen gelangt, die also die Anzahl der 1904 wirklich vorhandenen Betriebe darstellen sollen. Die im folgenden mitgeteilten Angaben für die einzelnen Kreise mußten jedoch den Angaben des Warschauer Stat. Komitees entnommen werden; sie geben die

Gouvernement	Zahl der Besitzungen im Umfange von ... Morgen					Prozent der Stellenzahl				
	bis 3	3—9	9—15	15—30	über 30	bis 3	3—9	9—15	15—30	über 30
Warschau	15 949	35 726	27 240	26 689	8 509	14,0	31,3	23,9	23,4	7,4
Kalisch	20 197	36 249	21 697	15 482	4 018	20,7	37,1	22,2	15,9	4,1
Kielce	26 747	54 592	23 218	8 727	976	23,4	47,9	20,3	7,6	0,8
Lomza	11 939	18 746	15 761	14 398	7 568	17,3	27,2	22,8	20,9	11,8
Lublin	20 546	72 049	36 118	19 388	3 266	13,6	47,3	24,0	12,9	2,2
Petrikau	20 388	51 613	28 380	15 927	3 045	17,0	43,3	23,8	13,4	2,5
Plock	8 934	16 428	9 492	10 323	7 494	16,9	31,2	18,1	19,6	14,2
Radom	24 903	49 297	26 365	16 131	3 526	20,7	41,1	21,9	13,4	2,9
Suwalki	10 835	16 088	10 054	14 504	12 961	16,8	25,0	15,6	22,4	20,2
Siedlec	10 877	37 111	31 786	21 445	6 863	10,0	34,3	29,4	19,9	6,4
Zartum i. ganz.	171 250	379 925	238 311	163 600	59 137	17,0	37,5	23,5	16,2	5,8

Die wirtschaftlichen Verhältnisse, die sich aus dieser Tabelle ergeben, seien nur gestreift. Eine sichere bäuerliche Existenz haben nur die beiden letzten verhältnismäßig nicht zahlreichen Kategorien (15 Morgen und darüber). Der Kleinbesitzer in der Klasse zwischen 9 und 15 Morgen kann auf gutem Boden freilich wohl seine Familie ernähren, auf schlechtem Boden aber ist er auf Nebenerwerb angewiesen. Die zahlreichste bäuerliche Klasse sind die Besitzer von 3—9 Morgen; bei ihnen ist es die Regel, nebenbei auf Tagelohn zu arbeiten. In den Gouvernements Kielce und Lublin beträgt diese Klasse fast die Hälfte aller Bauern. Nun kann sich freilich auf den besten Böden dieser Gouvernements mit einem Besitz von etwa 6 Morgen eine Familie ohne Tagelöhnerei durchschlagen, aber auch dort nur mit knapper Not. Doch gleicht sich das vielleicht ungefähr damit aus, daß auch die Besitzer von 9—15 Morgen zum Teil sich Nebenerwerb sichern müssen. Man kann deshalb wohl sagen, daß mindestens die beiden kleinsten Größenklassen, die mit 511 175 Stellen gegen 461 048 Stellen der drei andern Klassen mehr als die Hälfte aller Kleinbesitzer des Zartums ausmachen, von ihrem Grund und Boden nicht leben können. In diesen Ziffern liegt das Agrarproblem des Königreichs Polen beschlossen; der Bauer ist bei der Agrarreform mit zu wenig Land ausgestattet; wir sahen schon, daß namentlich die Schaffung der vielen kleinen

Zahl der Betriebe durchweg zu hoch an. Wenn wir für das ganze Zartum etwa 80 000 Stellen abziehen, so wären für den einzelnen Kreis durchschnittlich etwa 1000 Stellen abzuziehen, wenn man die 1904 wahrscheinlich faktisch vorhandene Zahl erhalten will.

Stellen von ca. 3 Morgen und weniger auf Rechnung des Ukases vom 19. Februar 1864 kommt. Doch braucht auf die wirtschaftlichen Folgen dieser Besitzverhältnisse und die daran anknüpfenden agrarpolitischen Fragen hier nicht weiter eingegangen zu werden.

Was nun die Besitzverhältnisse der Kleinbesitzer betrifft, so lassen sich nach der obigen Tabelle die 10 Gouvernements des Zartums in zwei große Gruppen sondern: 1. die Gruppe, in der die beiden größeren Betriebsklassen (von 15—30 Morgen und über 30 Morgen) stärker vertreten sind als im Durchschnitt des Zartums. Das sind die fünf Gouvernements Suwalki, Lomza, Plock, Siedlec und Warschau; in ihnen bleiben zugleich die beiden kleinsten Betriebsgrößen (unter 3 Morgen und von 3—9 Morgen) durchweg unter dem Durchschnitt des Zartums. 2. Die übrigen fünf Gouvernements Kielce, Radom, Petrikau, Lublin und Kalisch; in ihnen übersteigen durchweg die beiden kleinsten Betriebsgrößen den Durchschnitt des Zartums, während hier die beiden größten dahinter zurückbleiben.

Am günstigsten sind die Besitzverhältnisse im Gouvernement Suwalki. In Litauen ist die bäuerliche Stelle im Durchschnitt erheblich größer als in Polen [1]); ebenso ist es im Gouvernement Suwalki, wo die Durchschnittsgröße des gesamten Kleinbesitzes 1904 9,9 Deßjatinen, der bäuerlichen Stellen 10,1 Deßjatinen betrug (gegen 5,9 Deßjatinen bzw. 5,8 im ganzen Zartum); das Gouvernement gehört also nicht nur ethnographisch, sondern auch in dieser Hinsicht zu Litauen. Suwalki hat weitaus die meisten Betriebe über 30 Morgen. Die beiden größten Betriebsklassen machen hier nicht weniger als 42,6% aller Kleinbetriebe aus; in keinem andern Gouvernement entfällt ein so großer Anteil auf diese Größenklassen. Die Zahl der Betriebe in den andern Größenklassen ist zwar nicht besonders gering, hält sich aber überall unter dem Durchschnitt des Zartums. Wieweit hieraus auf besonderen Wohlstand der Bauern in Suwalki zu schließen ist oder wieweit diese hohe Durchschnittsgröße durch die z. T. ungünstigen Bodenverhältnisse des Gouvernements wieder ausgeglichen wird, bleibe dahingestellt. In den einzelnen Kreisen sind die Verhältnisse nicht sehr verschieden, besonders groß ist die Zahl der Stellen über 15 Morgen in den Kreisen Suwalki (4824 von 10 797 = 45%) und

[1]) Vgl. darüber die näheren Angaben in meinem Aufsatz: Litauen und seine Probleme in der Internationalen Monatsschrift für Wissenschaft, Kunst und Technik, Dezemberheft 1915.

Sejny (4961 von 10 797 = 46%). Die Zahl der größten Stellen (über 30 Morgen) ist besonders groß im Kreise Wladyslawow, wo sie allein 35% aller bäuerlichen Stellen (2602 von 7750) ausmachen, während z. B. im Kreise Augustowo, wo die Stellen über 15 Morgen auch 35% ausmachen, doch auf die Stellen über 30 Morgen nur 11% fallen.

In absoluten Zahlen verteilen sich der Anzahl nach die einzelnen Größenklassen des Kleinbesitzes nach den — zu hohen! — Zahlen des Warschauer Statistischen Komitees im Gouvernement Suwalki auf die einzelnen Kreise wie folgt:

	bis 3 Morgen	3—9 Morgen	9—15 Morgen	15—30 Morgen	über 30 Morgen	insgesamt
Kr. Augustow	1 129	2 885	1 897	2 193	1 051	9 154
„ Wladyslawow	929	1 914	1 122	1 183	2 602	7 750
„ Wilkowyszki	1 814	1 731	706	882	1 903	7 036
„ Kalwarja	1 830	1 622	621	1 554	1 706	7 633
„ Marjampol	2 688	3 281	1 871	2 557	1 911	12 308
„ Sejny	1 636	2 476	1 724	2 981	1 980	10 797
„ Suwalki..........	1 485	2 710	1 970	3 057	1 767	10 989
Gouv. Suwalki	11 510	16 619	10 212	14 407	12 919	65 667

Im Gouvernement Lomza liegen die Verhältnisse ähnlich. Die größeren Kleinbetriebe machen hier 32,7% der vorhandenen Besitzungen aus. Die einzelnen Kreise zeigen darin wenig Abweichungen, nur in Kolno fallen auf die Besitzungen über 15 Morgen bloß 16% (1744 von 10 965), auch Ostrow bleibt mit 25% etwas hinter dem Durchschnitt zurück; sonst betragen diese Besitzungen überall etwa ein Drittel der Gesamtzahl. In absoluten Zahlen verteilen sich alle im Gouvernement Lomza vorhandenen Kleinbesitzungen auf die einzelnen Größenklassen und Kreise, wieder nach den Angaben des Warschauer Statistischen Komitees, wie folgt:

	bis 3 Morgen	3—9 Morgen	9—15 Morgen	15—30 Morgen	über 30 Morgen	insgesamt
Kr. Kolno	1 980	2 933	3 308	2 007	737	10 965
„ Lomza	2 081	3 510	2 840	1 929	1 689	12 049
„ Masowien	2 403	2 782	2 145	2 230	1 433	10 993
„ Makow...........	1 272	1 889	1 655	1 531	826	7 113
„ Ostrow...........	2 312	3 834	3 027	2 227	908	12 308
„ Ostrolenka	2 093	2 670	1 988	2 616	1 346	10 713
„ Szczuczyn	1 518	2 343	1 395	1 495	1 019	7 770
Gouv. Lomza i. ganzen.	13 659	19 988	16 360	14 035	7 958	71 971

Im Besitz der kleinen Schlachta finden sich verhältnismäßig mehr größere Stellen als in der Hand der Bauern. Folgende Zahlen zeigen das näher. Es waren 1904 der Zahl nach Stellen im Besitze der

	unter 3 Morgen	3—9 Morgen	9—15 Morgen	15—30 Morgen	über 30 Morgen	Gesamtz. Morgen
Bauern	8 065 (19,3%)	13 087 (31,4%)	10 102 (24,2%)	7 991 (19,2%)	2 392 (5,7%)	41 737
Kl. Schlachta	2 759 (11,1%)	5 453 (21,9%)	5 637 (22,6%)	5 620 (22,5%)	5 489 (21,9%)	24 958

Auf die bäuerliche Stelle kommen in Lomza durchschnittlich nur 6,7 Deßjatinen, auf die der kleinen Schlachta dagegen 12,8.

Auch in den Gouvernements Plock und, wenn auch nicht mehr in dem Maße, auch in Siedlec sind die größeren Kleinbetriebe noch verhältnismäßig stark vertreten. In den meisten Kreisen des Gouvernements Plock wohnt noch ein erheblicher Bruchteil der kleinen Schlachta, so ist in dem Kreise Przasznysz 26,6% der Fläche in ihren Händen, in Ciechanow 27,8%, in Mlawa 18% und in Sierpec 17,6%. Der Anteil der größeren Betriebsklassen (über 15 Morgen) ist in diesen Kreisen größer als in den übrigen; im Kreise Przasznysz kamen auf sie nach den Angaben des Warschauer Statistischen Komitees 2885 von 6776 Kleinbetrieben, also 42%; im Kreise Ciechanow 35% (2411 von 6980), in Mlawa 32%. Immerhin sind in Plock auch unter den bäuerlichen Betrieben die größeren Besitzklassen ziemlich stark vertreten; denn auch in den Kreisen, die fast gar keine kleine Schlachta haben, sind die größeren Betriebsklassen über 15 Morgen zahlreich vorhanden; so machen sie z. B. im Kreise Rypin 30% aus (2218 von 7507), im Kreise Lipno 29% (2678 von 9117) usw. Das Gouvernement Plock hat zwar im ganzen erheblich günstigere Bodenverhältnisse als Lomza und Suwalki, zugleich ist aber hier der Großgrundbesitz erheblich stärker vertreten, so daß die verhältnismäßig hohe Zahl größerer Kleinbetriebe wohl den Schluß zuläßt, daß durchweg die schlechteren Böden im Kleinbetrieb bewirtschaftet werden.

Auch für Plock seien noch alle absoluten Zahlen angeführt:

	über 3 Morgen	3—9 Morgen	9—15 Morgen	15—30 Morgen	über 30 Morgen	insgesamt
Lipno	1 806	2 878	1 757	1 604	1 074	9 117
Mlawa	1 572	2 796	1 992	1 794	1 137	9 291
Plock	1 575	2 514	1 034	1 064	1 052	8 239
Przasznysz	966	1 828	1 095	1 369	1 516	6 776
Rypin	1 490	2 349	1 450	1 510	708	7 507
Sierpec	1 649	3 029	1 718	1 342	755	8 493
Ciechanow	1 004	2 260	1 305	1 495	916	6 980
Gouv. Plock im ganzen	10 062	17 654	10 351	10 178	7 158	55 403

Im Gouvernement Siedlec treten die größeren Betriebsklassen dagegen schon stark hinter den kleineren Stellen zurück. Im Kreise Biala bilden die größeren Betriebe (über 15 Morgen) noch etwa ein Drittel der Gesamtzahl (3148 von 10 355), in Siedlec, wo die kleine Schlachta 35% der Fläche in Händen hat, 28%, auch in Wlodawa und Radzyn machen sie noch 24% aus. Dagegen betragen sie in Lukow nur 18% der Gesamtzahl (3487 von 18 989), in Garwolin sogar nur 13% (2322 von 17 785), während sie in den drei übrigen Kreisen Sokolow, Konstantynow und Wengrow etwa je 20% in Anspruch nehmen.

Merkwürdigerweise hat auch das Gouvernement Warschau nicht nur in seinen östlichen Kreisen, sondern auch in den fruchtbaren Gegenden des Westens ähnliche Besitzverhältnisse. Auf die beiden größten Betriebsklassen entfallen im ganzen Gouvernement 30,8% der Gesamtzahl, auf die beiden kleinsten 45,3%. In den westlichen Kreisen entfällt durchweg etwa ein Viertel der vorhandenen Kleinbetriebe auf die beiden größten Klassen: in Nieszawa 23% (1970 von 8398), in Wloclawek 25% (1694 von 6787), in Gostynin 25% (2063 von 8159), in Grojec 23% (2872 von 12 433). Im überwiegend aus Großgrundbesitz bestehenden Kreise Kutno machen sie nur 16% (965 von 6065) aus, im angrenzenden, überwiegend bäuerlichen Kreise Lowicz dagegen 34% (3557 von 10 453); in Sochaczewo entfallen auf sie 30% (2127 von 7003) und in Skierniewice sogar 50% (2911 von 5874). Im ganzen sind aber die größeren Besitzklassen in den Kreisen östlich der Weichsel stärker vertreten; die kleine Schlachta tritt in diesen Kreisen, wenn auch nicht besonders ins Gewicht fallend, auf; so bilden die Besitzungen über 15 Morgen in den Kreisen Plonsk 35%, in Radzymin 30%, in Pultusk 28%, in Nowo-Minsk allerdings nur 21%. In den Kreisen Warschau und Blonie machen sie je 23% aus. Die absoluten Zahlen sind für die westlichen Kreise:

	bis 3 Morgen	3—9 Morgen	9—15 Morgen	15—30 Morgen	über 30 Morgen	insgesamt
Nieszawa	1 913	2 834	1 681	1 152	818	8 398
Wloclawek	1 853	2 193	1 037	981	713	6 787
Kutno	1 572	2 371	1 154	804	161	6 062
Gostynin	1 148	2 750	2 198	1 707	356	8 159
Lowicz	564	2 521	3 809	3 381	176	10 453
Skierniewice	269	1 330	1 364	2 523	388	5 874

Ganz anders wie in diesen Gouvernements sieht es nun in der zweiten Gruppe, in den Gouvernements Kielce, Petrikau, Radom, Lublin und Kalisch, aus. Hier herrschen überall die kleinen und kleinsten Betriebe vor; überall ist überhaupt die Zahl der Kleinbetriebe sehr groß. Namentlich in Kielce dominieren die kleinsten Größenklassen vollständig; 23,4% aller bäuerlichen Stellen sind unter 3 Morgen groß, 47,9% haben nur eine Größe von 3—9 Morgen: 71,3% entfallen also auf diese Größenklassen. Die Durchschnittsgröße der bäuerlichen Stelle ist denn auch in Kielce am kleinsten im Zartum; sie beträgt nur 3,9 Deßjatinen (gegen 10,1 Deßjatinen in Suwalki). In den einzelnen Kreisen des Gouvernements sind die Unterschiede nicht nennenswert. Die größeren Besitzungen übersteigen nirgends 10% der Gesamtzahl. Überall ist eine sehr hohe Zahl von Kleinbesitzungen vorhanden; das ganze Gouvernement weist 128 046 Kleinbesitzungen auf (gegen 65 667 in Suwalki und 71 971 in Lomza), obwohl es kleiner ist als jedes dieser beiden Gouvernements. Davon sind 81 339 unter 9 Morgen groß, während es z. B. in Lomza nur 30 685 solcher Stellen gibt. Und während in den einzelnen Kreisen der fünf Gouvernements der ersten Gruppe die Gesamtzahl der Kleinbesitzungen meist unter 10 000 bleibt, 12 000 fast nirgends übersteigt, haben wir hier in den einzelnen Kreisen durchweg 15—20 000, auch über 20 000 Kleinbesitzungen. Die Gouvernements Radom, Petrikau, Lublin und Kalisch zeigen ein ähnliches Bild wie Kielce, wenn es auch in ihnen nicht ganz so schlimm steht. In Radom entfallen auf die Stellen bis zu 9 Morgen 61,8% aller Stellen, in Petrikau 60,3%, in Lublin 59,9% und in Kalisch 57,8%. In Radom sind die Verhältnisse jedoch in den einzelnen Kreisen ziemlich verschieden. Wir finden in dem fruchtbarsten Kreise des Gouvernements, in Sandomierz, auch das größte Übergewicht der kleinsten Stellen; nur 683 Stellen von 14 347 im ganzen (4,4%) sind hier über 15 Morgen groß. Auch in der Größenklasse von 12—15 Morgen gibt es nur 775. In den Kreisen Opatow und auch in Konsk machen die Betriebe über 15 Morgen nur 8,5% bzw. 7% aus. Dagegen sind im Norden des Gouvernements, wo die Bodenverhältnisse schlechter sind, die größeren Betriebe stärker vertreten: im Kreise Radom fallen auf sie 20,5% (4602 von 22 361), in Kozienice 17% (2964 von 17 914), in Opoczno und Ilza 15% bzw. 12%.

Auch in **Petrikau** weisen die einzelnen Kreise verschiedene Besitzverhältnisse auf. Am ungünstigsten ist das Verhältnis der größeren Betriebe im Kreise Bendzin; nur 1236 von 23 370 (5%) sind über 15 Morgen groß. Ähnlich ist es in Nowo-Radomsk; hier gibt es 8,8% (1934 von 21 948) derartige Betriebe. Dagegen machen sie im Kreise Rawa 28% (2761 von 9710), in Brzeziny 25% (2354 von 9465), in Lodz 19% (1886 von 9884) aus. In den Kreisen Lask, Czenstochau und Petrikau ist ihr Anteil 12—15%, entspricht also ungefähr ihrem durchschnittlichen Prozentsatz im Gouvernement. Für die westlichen Kreise des Gouvernements Petrikau sind die absoluten Zahlen folgende:

	bis 3 Morgen	3—9 Morgen	9—15 Morgen	15—30 Morgen	über 30 Morgen	insgesamt
Kr. Bendzin	6 672	11 818	3 644	1 067	437	22 370
„ Czenstochau	2 071	7 678	5 469	2 175	155	17 548
„ Brzeziny	1 045	3 330	2 736	1 917	437	9 465
„ Lask	2 871	6 593	3 437	1 464	302	14 667
„ Lodz	1 614	3 969	2 415	1 536	350	9 884

In Lublin und Kalisch sind die Verhältnisse gleichmäßiger. In **Lublin** ist die Zahl der größeren Besitzungen in den Kreisen etwas stärker, wo, wie in Janow und Lubartow, die Bodenverhältnisse schlechter sind, oder wo, wie in Zamosc, die Anbaufläche verhältnismäßig gering ist; hier betragen die größeren Stellen (über 15 Morgen) durchweg 12—14% der Gesamtzahl. In den Kreisen Tomaszow, Lublin, Pulawy, Hrubieszow und Bilgoraj ist das Übergewicht der kleineren Betriebe größer.

Im Gouvernement **Kalisch** sind von diesen fünf Gouvernements (Kielce, Radom, Petrikau, Lublin und Kalisch) die kleinen Betriebe noch am schwächsten vertreten; immerhin sind auch hier 57,8% aller Kleinbetriebe unter 9 Morgen groß. In der kleinsten Größenklasse (unter 3 Morgen) steht das Gouvernement mit 20,7% sogar neben Radom (ebenfalls 20,7%) und nur hinter Kielce zurück. Die Verteilung der Kleinbetriebe auf die verschiedenen Größenklassen ist in den einzelnen Kreisen ziemlich gleichmäßig, wie sich aus folgender Tabelle ergibt:

Kreis	bis 3 Morgen	Proz.	3—9 Morgen	Proz.	9—15 Morgen	Proz.	15—30 Morgen	Proz.	über 30 Morg.	Proz.	insges.
Kalisch	3 561	27,3	4 923	38	2 239	17,3	1 849	14,3	382	3	12 954
Kolo	2 179	20,6	4 248	38,8	2 289	20,9	1 654	14,1	582	5,3	10 952
Konin	2 772	22,7	4 849	39,6	2 541	20,7	1 568	12,8	506	4,1	12 236
Lenczyca	2 000	19,1	4 053	38,9	2 258	21,6	1 673	16,0	457	4,4	10 441
Slupce	1 959	22,2	3 133	35,5	1 786	20,0	1 525	17,3	462	5,0	8 815
Sieradz	3 275	19,6	7 832	46,9	3 784	22,6	1 625	9,7	179	1,0	16 695
Turek	2 405	17,7	5 780	42,7	3 193	23,6	1 867	13,8	295	2,1	13 540
Wielun	4 405	20,8	8 750	41,4	5 599	26,5	2 081	9,8	322	1,0	21 157
Kalisch zus.	22 557	21,1	43 568	40,8	23 689	22,2	13 792	12,9	3 185	2,9	106 791

Die größten Betriebe (über 15 Morgen) sind danach verhältnismäßig am schwächsten vertreten in den Kreisen Wielun, Sieradz und Turek, was eine Abweichung von der Regel ist; denn die Bodenverhältnisse sind ja in diesen Kreisen im allgemeinen wohl ungünstiger als im übrigen Gouvernement, und man würde deshalb eigentlich eher hier eine höhere Prozentziffer der größeren Betriebe vermuten als in den andern Kreisen.

Zusammenfassend wiederholen wir, daß sich in der ganzen südlichen Hälfte des Zartums, sowohl links als rechts der Weichsel, eine außerordentlich zahlreiche Schicht bäuerlicher Zwergbesitzer findet, während die größeren Betriebsklassen der Kleinbesitzungen absolut und relativ zurücktreten. Dagegen sind in der nördlichen Hälfte die größeren Kleinbesitzungen absolut und namentlich relativ stärker vertreten.

IV. Grundbesitzverteilung und Bevölkerungsdichte.

Es handelt sich nun noch darum, dem Zusammenhang zwischen diesen Agrarverhältnissen und der im ersten Abschnitt dargestellten Bevölkerungsdichte nachzugehen. Offenbar lassen sich durch eine solche summarische Skizze wie die vorliegende nicht alle Einzelheiten erklären; über manche wichtigen Punkte sind, soweit ich sehe, auch vom Warschauer Statistischen Komitee noch gar keine Erhebungen angestellt, z. B. nicht über die auf den Gütern lebende Bevölkerung. Wie außerordentlich stark sie ins Gewicht fallen kann, dafür ist der Kreis Kutno ein Beispiel. In diesem Kreise ist der Großgrundbesitz mit 65,2% weitaus am stärksten vertreten, zugleich ist er aber seit langem mit am dichtesten von allen rein ländlichen Kreisen besiedelt, dichter auch als der überwiegend bäuerliche Kreis Lowicz (112 Köpfe auf den Quadratkilometer gegen 93 in Lowicz). Die Zahl der bäuerlichen Stellen (und der kleinen Schlachta) betrug zusammen 5665. Nun wohnt zwar auf manchen Stellen mehr als eine Familie, dafür sind aber auch häufig im Zartum mehr als eine Stelle in einer Hand (nähere Angaben über diese Verhältnisse liegen leider auch nicht vor), so daß es am richtigsten sein wird, wie es auch in der polnischen Literatur meist geschieht, durchschnittlich auf eine Stelle eine Familie zu rechnen. Rechnet man weiter die Familie zu 6 Köpfen, so würden auf diesen 5665 Stellen 33 990 Menschen leben. Nun betrug aber die ländliche Bevölkerung des Kreises Kutno 1909: 77 443 Menschen, so daß also die größere Hälfte der ländlichen Bevölkerung auf den Gütern lebte. Jedenfalls kann man die dichte Besiedlung des Kreises nicht durch die bäuerliche Bevölkerung erklären. Nun sollen diese Kutnoer Verhältnisse nicht verallgemeinert werden, der Kreis Kutno hat einen intensiven landwirtschaftlichen Betrieb; er hat viele Zuckerfabriken, und deshalb ist wohl die auf den Gütern lebende Bevölkerung hier besonders groß, aber das Beispiel warnt davor, etwa nach ostdeutschen Begriffen sich die Gebiete des Großgrundbesitzes durchweg als verhältnismäßig menschenleer vorzustellen. Wir werden vielmehr finden, daß in einzelnen Teilen des Zartums dichte Bevölkerung und starkes Vorhandensein von Großgrundbesitz keine Gegensätze sind. Lassen sich also auch nicht alle Faktoren, die zur Erklärung der mehr oder weniger großen Bevölkerungsdichte in den einzelnen Kreisen notwendig wären, mit Sicherheit in Rechnung stellen — dazu würde auch eine nähere Kenntnis der Bodenverhältnisse nötig sein —, so reicht das Dargelegte doch aus, um wenigstens in allgemeinen Zügen die im ersten Abschnitt skizzierten Verhältnisse nun auch für die rein ländlichen Bezirke zu erklären. Und zwar kommen für die Erklärung der Bevölkerungsdichte offenbar in allererster Linie die eben geschilderten Besitzverhältnisse der Kleinbesitzer in Betracht; im allgemeinen läßt sich sagen, ohne daß dieser Satz mechanisch überall angewendet werden darf, daß die Bevölkerungsdichte um so größer ist, je stärker die kleinsten Besitzklassen im Kreise vertreten sind. Weiter kommen dann besonders das Verhältnis von Groß- und Kleinbesitz im Kreise und das Verhältnis des Ackerlandes zur Kreisfläche in Frage.

Die geringste Bevölkerungsdichte hat das Gouvernement Suwalki (59,3 Köpfe auf die Quadratwerst). Die Durchschnittsgröße der

Stellen der Bauern und der kleinen Schlachta ist hier am größten im Zartum, sie beträgt 10,1 Deßjatinen, auf die Quadratwerst kommen nur 5,7 Stellen. Das pflügbare Land beträgt nur 47,1%; der Kleinbesitz nimmt 57,8% ein. Großgrundbesitz und Kronland, die 40,4% betragen, dürfen wir uns im ganzen hier als sehr dünn bevölkert vorstellen. Wir haben zwar darüber direkte Angaben nicht; setzt man jedoch die Zahl der vorhandenen Kleinbesitzungen (außer den Fleckeneinwohnern) in Anlage III zu der auf dem Lande lebenden Bevölkerung (vgl. Anlage I) in Beziehung und rechnet man die bäuerliche Familie zu 6 Köpfen, so kommen von der vorhandenen Landbevölkerung nur 143 300 Köpfe auf den Großgrundbesitz und das Kronland oder nur 0,3 Köpfe auf die Deßjatine. Oder, verteilt man die ganze vorhandene Landbevölkerung auf die Stellen der Bauern und der kleinen Schlachta, so kommen auf jede Stelle 8,3 Köpfe. Die beiden Kreise Augustow und Sejny, die in Suwalki wieder am dünnsten bevölkert sind (Sejny 43,6 auf die Quadratwerst, Augustow 51,9), haben weitaus das wenigste Ackerland im Gouvernement, auch der Kleinbesitz ist in ihnen am schwächsten vertreten, während Kronland und Großgrundbesitz in beiden Kreisen fast 50% der Fläche einnehmen. In Sejny und Augustow kommen nur 4,9 Stellen auf die Quadratwerst, in Sejny 7,7 Köpfe, in Augustow 7,8 Köpfe auf die Stelle. Daraus erklärt sich die geringe Bevölkerungsdichte dieser Kreise. Wenn Sejny erheblich dünner besiedelt ist als Augustow, so ist in Augustow der Einfluß der Stadt Augustow zu berücksichtigen. Der Kreis Wladyslawow ist nicht dichter bevölkert als Augustow, obwohl der Kleinbesitz viel stärker ist (67,8% der Kreisfläche). Aber die Durchschnittsgröße der Kleinbesitzungen beträgt hier 13,8 Deßjatinen, auf die Quadratwerst entfallen infolgedessen nur 5,1 Stellen; auf die Stelle kommen aber hier 9,1 Köpfe. Der Kreis Marjampol, der dichter bevölkert ist (60,7 auf die Quadratwerst), hat zwar nur 44,1% Ackerland und nur 53,4% Kleinbesitz, aber eine erheblich geringere Durchschnittsgröße der Stellen (8,8 Deßjatinen), während auf der Stelle nicht viel weniger Menschen (8,4) als in Wladyslawow wohnen. In Kalwarja und Wilkowyszki ist der Kleinbesitz gleich stark vertreten (63,5%), das Ackerland ist hier umfangreicher. Die Stellengröße und die Verteilung der Bevölkerung ist fast gleich (in Wilkowyszki kommen 6,0 Stellen auf die Quadratwerst und auf jede Stelle 9,4 Köpfe, in Kalwarja 6,2 Stellen mit je 9,6 Köpfen); die Bevölkerungsdichte ist deshalb auch ungefähr gleich.

Der Kreis Suwalki endlich würde nach seinen ländlichen Verhältnissen wohl dünner bevölkert sein, auf die Quadratwerst kommen zwar 7,5 Stellen, aber auf jede Stelle nur durchschnittlich 6,8 Köpfe; doch wohnt der vierte Teil der Kreisbevölkerung in der Gouvernementshauptstadt Suwalki.

Das Gouvernement Lomza hat im ganzen zwar nur 45,9% Ackerland, weniger als Suwalki, der Kleinbesitz ist aber stärker (68,4% gegen 57,8% in Suwalki), und die Durchschnittsgröße der bäuerlichen und kleinadligen Besitzungen beträgt hier nur 9,0 Deßjatinen gegen 10,1 in Suwalki. Auf die Quadratwerst kommen deshalb und des stärkeren Kleinbesitzes wegen hier 7,7 Stellen, auf jede Stelle aber nur 7,1 Köpfe, was sich daraus erklärt, daß Grundbesitz und Kronland nicht nur an Umfang geringer, sondern auch noch dünner bevölkert sind als in Suwalki (0,27 Köpfe auf die Deßjatine). Dank der geringeren Durchschnittsgröße der Stellen und des stärkeren Kleinbesitzes ist aber die Bevölkerungsdichte in Lomza größer als in Suwalki (72,4 Köpfe auf die Quadratwerst gegen 59,3 in Suwalki). Am dünnsten sind die drei Kreise an der ostpreußischen Grenze Szczuczyn (63,4 Köpfe auf die Quadratwerst), Kolno (65,2) und Ostrolenka (70,2) bewohnt. In allen drei ist das Ackerland sehr gering, besonders in Szczuczyn und Ostrolenka, wo es nur 38,4% bzw. 35,6% der Kreisfläche einnimmt; in Kolno beträgt es 44,8%. Der Kleinbesitz ist in Szczuczyn verhältnismäßig am kleinsten (61,3%), in Ostrolenka und Kolno kommen auf ihn 69%. Die Durchschnittsgröße der Stellen der Bauern und der kleinen Schlachta ist in Szczuczyn am größten (10,5), in Kolno am kleinsten (8,3), in Ostrolenka beträgt sie 9,4 Deßjatinen. In Szcuczyn kommen 5,6 Stellen auf die Quadratwerst und 8 Köpfe auf die Stelle, in Kolno 8,6 Stellen auf die Quadratwerst und 6,3 Köpfe auf die Stelle, in Ostrolenka 7,6 Stellen auf die Quadratwerst und 7 Köpfe auf die Stelle. Danach würde Kolno eher noch etwas dichter bevölkert sein müssen als Ostrolenka, und Szczuczyn müßte hinter den beiden andern Kreisen weit zurückbleiben; doch wird das durch die große Einwohnerschaft in den Städten und Flecken von Ostrolenka und Szczuczyn ausgeglichen. Am dichtesten ist, abgesehen vom Kreis Lomza, der Kreis Masowien besiedelt (76,7 auf die Quadratwerst). Vor allem hat er den meisten Kleinbesitz im ganzen Zartum (82,7%); auch das Ackerland ist im Gouvernement hier verhältnismäßig am umfangreichsten (57,2%). Die Durchschnittsgröße der Besitzungen entspricht hier der des Gouvernements (9,0 Deßjatinen), auf die Quadratwerst kommen 9,3 Stellen, auf der Stelle wohnen 6,5 Köpfe.

Wieder dichter besiedelt als Lomza ist das Gouvernement Siedlec (77,8 auf die Quadratwerst); wieder ist die Durchschnittsgröße der bäuerlichen und der kleinadligen Stellen hier kleiner; sie beträgt nur 6,8 Deßjatinen. Das Ackerland ist ein wenig stärker (50,4%), der Kleinbesitz ein wenig schwächer vertreten als in Lomza. Großgrundbesitz und Kronland kommen auch hier für die Bevölkerungsdichte nicht in Frage; es wohnen dort in Siedlec nur 0,14 Menschen auf der Deßjatine. Auf die Quadratwerst kommen hier 9,1 bäuerliche und kleinadlige Stellen, auf die Stelle 6,5 Köpfe. In den östlichen Kreisen von Siedlec ist das Verhältnis des Ackerlandes zur Kreisfläche am ungünstigsten. Hier sind auch die Stellen durchschnittlich am größten: in Biala umfassen sie 8,5, in Wlodawa 7,6, in Konstantynow 7,1 Deßjatinen. Diese Kreise sind auch die am dünnsten bewohnten im Gouvernement. In Konstantynow z. B. kommen nur 8 Stellen auf die Quadratwerst und nur 6,4 Köpfe auf die Stelle. Wenn Biala eine höhere Bevölkerungsdichte aufweist als Wlodawa und Konstantynow, so liegt das an der durch den Kreis gehenden Bahnlinie Warschau—Litauisch-Brest und an dem Einfluß dieser unmittelbar jenseits der Kreisgrenze liegenden großen Festung. Der Kreis Radzyn hat den stärksten Großgrundbesitz im Gouvernement (41,8%), aber es kommen auch hier nur 7,1 Köpfe auf die Stelle. Der Kreis Lukow, der ebenso dicht bevölkert ist, besteht überwiegend aus Kleinbesitz (68,5); hier kommen infolgedessen auf die Quadratwerst 11,1 Stellen gegen 8,2 in Radzyn, auf jeder Stelle wohnen aber in Lukow nur 5,8 Menschen. Am dichtesten ist der Kreis Garwolin bewohnt (100,3 Köpfe auf die Quadratwerst), der 63% Kleinbesitz hat. Die Durchschnittsgröße der Bauernstelle ist hier am kleinsten (5,9 Deßjatinen), auch kommen auf jede verhältnismäßig viel Menschen (7,4), so daß sich daraus schon erklärt, daß der Kreis am dichtesten bevölkert ist; außerdem ist auch wohl noch die Nähe Warschaus in Betracht zu ziehen.

In allen drei Gouvernements des Nordostens sind also im ganzen die Verhältnisse ähnlich: große Stellen, überwiegender Kleinbesitz, letzteres am wenigsten noch in Suwalki, ungünstige Bodenverhältnisse und infolgedessen dünne Bevölkerung, die sich von Norden nach Süden mit der Verkleinerung der Stellen verdichtet. Der Großgrundbesitz spielt für die Bevölkerungsdichte nirgends eine erkennbare Rolle.

Anders verhält es sich damit im Gouvernement Plock. Die Durchschnittsgröße der Stellen ist hier nicht viel kleiner als in Lomza (8,4 gegen 9 Deßjatinen); die Anbaufläche ist allerdings größer (60,5) als dort; dafür nimmt aber der Kleinbesitz in Plock nur 52,6% des Gouvernements ein. Trotzdem ist Plock dichter als Lomza und auch als Siedlec bewohnt (82,4 Köpfe auf die Quadratwerst). Die Erklärung liegt darin, daß hier auf jede Stelle durchschnittlich 10,3 Köpfe kommen gegen 7,1 in Lomza. Vielleicht ist einmal hier der Kleinbesitz, da die Böden besser sind, nicht bloß rechnerisch, sondern in Wirklichkeit dichter bewohnt als im Nordosten, vor allem aber fällt hier der Großgrundbesitz, der in Plock wesentlich dichter bewohnt ist als im Nordosten, für die Bevölkerungsdichte ins Gewicht. Auf der Deßjatine des Kronlandes und des Großgrundbesitzes wohnen in Plock durchschnittlich 0,57 Köpfe gegen 0,27 in Lomza und 0,3 in Suwalki. In den einzelnen Kreisen von Plock liegen die Verhältnisse verschiedenartig. Der Kreis Przasznysz gehört wirtschaftlich und den Bodenverhältnissen nach ganz zum Gouvernement Lomza: er hat nur 45,5% Ackerland, der Kleinbesitz überwiegt (58,7%), die Durchschnittsgröße der Stellen ist sehr groß (12,1 Deßjatinen). Auf jeder wohnen zwar fast 10 Menschen, da aber nur knapp 5 Stellen auf die Quadratwerst kommen, ist die Bevölkerungsdichte gering (65,5 auf die Quadratwerst). In den übrigen Kreisen sind die Bodenverhältnisse wesentlich günstiger; das Ackerland beträgt überall (außer in Sierpec) 60% und darüber. Die drei Kreise Ciechanow, Lipno und Rypin sind fast gleich dicht besiedelt (78—81 Köpfe auf die Quadratwerst). Rypin und Lipno gehören zu den Kreisen, die den meisten Großgrundbesitz im Zartum haben (Rypin 54,8%, Lipno 52,4%), in Ciechanow umfaßt er 42,1% der Kreisfläche. In Ciechanow ist die Durchschnittsgröße der Stellen 8,9 Deßjatinen, in Lipno 7,5, in Rypin 6,9. Aber während im Kreise Radzyn, wo der Großgrundbesitz verhältnismäßig ebenso stark ist wie in Ciechanow, nur 7,1 Köpfe auf die Stelle kommen, und in Augustow, wo Kronland und Großgrundbesitz fast 50% ausmachen, auch nur 7,8, entfallen in Ciechanow 10,2, in Rypin 10,6 und in Lipno gar 11,1 Köpfe auf die Stelle [1]). Da die einzelne Stelle in Wirklichkeit

[1]) Auf die Quadratwerst kommen in Ciechanow und Rypin je 6,6, in Lipno 6,1 Stellen.

nicht um so viel stärker bewohnt sein kann, kommt hier zweifellos die Bevölkerung des Großgrundbesitzes als wichtiger Faktor für die Erklärung der Bevölkerungsdichte hinzu. Wir haben also hier offenbar eine starke landlose Bevölkerung, die auf den Gütern lebt. In den Kreisen Mlawa und Plock liegen die Dinge ganz ebenso; die größere Bevölkerungsdichte rührt von den Städten Mlawa und Plock her. Auch im Kreise Sierpec, der ebenso dicht wie Mlawa bewohnt ist, fällt die Bevölkerung der Flecken und der Stadt Sierpec sehr ins Gewicht, da sie mehr als 25% der Kreisbevölkerung ausmacht. Der Kreis ist überwiegend bäuerlich. Die Durchschnittsgröße der Stelle ist 7,6 Deßjatinen; auf der Stelle wohnen 8 Menschen, 8 Stellen kommen auf die Quadratwerst, so daß dieser bäuerliche Kreis nach den ländlichen Verhältnissen keine dichtere Bevölkerung haben würde als die Großgrundbesitzerkreise Lipno und Rypin. — Im ganzen haben wir also im Gouvernement Plock eine große durchschnittliche Stellengröße, aber nicht infolgedessen wie im Nordosten eine geringe Bevölkerungsdichte, vielmehr ist die Bevölkerungsquote, da der Großgrundbesitz (und vielleicht auch der Kleinbesitz) dichter bewohnt ist, hier trotzdem höher.

Andere Verhältnisse walten in den Gouvernements Kielce, Radom, Petrikau und Lublin ob. Die Anbauverhältnisse entsprechen ungefähr dem Gouvernement Plock. Das Ackerland nimmt durchweg 50—60% der Fläche ein, der Kleinbesitz ist etwas stärker vertreten; er nimmt statt 52% in Kielce und Lublin je 55%, in Radom und Petrikau 57—58% ein. Wenn diese Gouvernements sämtlich erheblich dichter bewohnt sind als die drei des Nordostens und auch als Plock, so liegt das an der geringen Stellengröße, an der sehr großen Zahl kleiner und kleinster Stellen, die hier vorhanden sind. Die bäuerlichen und (verschwindend wenigen) kleinadligen Stellen sind in Lublin durchschnittlich nur 5,2 Deßjatinen, in Petrikau ebenfalls 5,2, in Radom 5,1, in Kielce gar nur 3,9 Deßjatinen groß. Kielce hat deshalb die dichteste Bevölkerung (113,8 auf die Quadratwerst); Radom hat 100,6, Lublin ist noch etwas dichter bewohnt als Radom (102,6 Köpfe auf die Quadratwerst); in dem industriereichen Petrikau kann natürlich die Bevölkerungsdichte nicht aus den ländlichen Verhältnissen erklärt werden. Im Gouvernement Kielce ist in den fruchtbaren Kreisen des Südrandes die Durchschnittsgröße am geringsten. Sie geht in Miechow auf 3,4 Deßjatinen, in Stopnica auf 3,6, in dem am dichtesten bewohnten Kreise Pinczow sogar bis auf 2,9 Deßjatinen herunter. Im

Kreise Sandomierz des Gouvernements Radom, der wirtschaftlich mit diesen Kreisen ganz auf einer Linie steht, beträgt die Durchschnittsgröße 4,2, in Opatow ist sie 4,8 Deßjatinen. Im ganzen Gouvernement Kielce kommen durchschnittlich 13,8 Stellen auf die Quadratwerst, in Pinczow z. B. sogar 17,5, in Miechow 16,6 usw., gegen 5,7 in Suwalki und 7,7 in Lomza. Da werden die großen Unterschiede in der Bevölkerungsdichte der ländlichen Bezirke verständlich. In Opatow ist der industrielle Einschlag zu berücksichtigen.

In allen diesen Kreisen ist der Kleinbesitz nicht übermäßig umfangreich; am schwächsten ist er in Pinczow vertreten, wo er 50,7% der Kreisfläche einnimmt, am stärksten in Stopnica (57,6%). Trotzdem wohnen hier auf der Stelle bei weitem nicht so viel Menschen wie in Plock. Durchschnittlich kommen in Kielce nur 6,6 Köpfe auf die Stelle, etwa so viel wie in Siedlec. Dem entspricht auch die durchschnittliche Bevölkerung einer Stelle in diesen Kreisen des Südrandes; es kommen z. B. auf die Stelle in Miechow 7,1 Köpfe, in Pinczow 6,4 Köpfe usw. Der ganz ansehnliche Großgrundbesitz trägt hier nichts zur Bevölkerungsdichte bei; offenbar braucht er hier nur wenig ständige Arbeitskräfte zu unterhalten, da ihm aus der dichten Schicht der bäuerlichen Zwergbesitzer reichlich Arbeiter zur Verfügung stehen. In den nördlichen Kreisen des Gouvernements Kielce (Jendrzejow, Wloszczawa und Kielce) sind die Durchschnittsgrößen der Stellen etwas größer (Jendrzejow 4,1, Wloszczawa 4,5, Kielce 4,6). Dadurch erklärt sich die dünnere Bevölkerung dieser Kreise.

In Radom ist die Durchschnittsgröße des Kleinbesitzes größer als in Kielce (5,1 Deßjatinen), sie übertrifft auch die der nördlichen Kreise von Kielce. Auf die Stelle kommen auch hier nur 6,8 Menschen, auf die Quadratwerst 11,2 Stellen. Grundsätzlich herrschen hier die gleichen Verhältnisse wie in Kielce, entsprechend der größeren Durchschnittsgröße der Stelle ist auch die Bevölkerung noch etwas geringer als in den nördlichen Kreisen von Kielce. Am kleinsten ist die Durchschnittsgröße der Stellen in Konsk, wo sie nur 3,6 Deßjatinen beträgt; dadurch erklärt sich, daß dieser Kreis, der mit 30,7% das wenigste Ackerland im ganzen Zartum hat und wo auch der Kleinbesitz nur 41,3% der Kreisfläche umfaßt, doch ebenso dicht bevölkert ist als die umliegenden Kreise; freilich fällt außerdem ins Gewicht, daß es drei Städte in dem Kreise gibt. In den nördlichen Kreisen Opoczno, Radom und Kozienice sind die Stellen durchschnittlich am größten

(Opoczno 5,6, Kozienice 5,9, Radom 6,0 Deßjatinen); Opoczno und Kozienice weisen auch die geringste Bevölkerungsdichte im Gouvernement auf.

Auch im Gouvernement Petrikau sind die Verhältnisse ähnlich. Die Durchschnittsgröße der Stellen ist 5,2 Deßjatinen, auf die Quadratwerst kommen 10,7 Stellen; wenn auf die Stelle hier 8,8 Menschen kommen, so gibt das ein falsches Bild, da ja hier ein Teil der Industrieorte zur Landbevölkerung zählt. Der Kleinbesitz nimmt im ganzen Gouvernement 57,1% ein; erheblich unter dieser Ziffer bleibt nur der Kreis Nowo-Radomsk, überschritten wird sie in Lodz (63,4%) und Bendzin (69,8%). Auch hier ist im Süden die Durchschnittsgröße der Stellen am kleinsten: in Bendzin beträgt sie nur 3,8 Deßjatinen; es kommen hier 17 Stellen auf die Quadratwerst; der Kreis hat deshalb auch schon vor seiner industriellen Entwicklung zu den am dichtesten bevölkerten des Zartums gehört. In Czenstochau sind die Stellen erheblich größer (5,7 Deßjatinen), in Nowo-Rodomsk umfassen sie durchschnittlich 4,4 Deßjatinen. Im ganzen sind im Norden die Stellen größer: in Rawa 6,8, in Brzeziny 6,4, in Petrikau 5,5, in Lask allerdings auch nur 4,9 Deßjatinen. In den überwiegend ländlichen Kreisen, wo der Großgrundbesitz auch verhältnismäßig am stärksten ist, kommen nur etwa 7 Köpfe auf die Stelle: in Rawa 7,8, in Petrikau 7,2, in Nowo-Radomsk 6,7. Auf die Quadratwerst kommen in Nowo-Radomsk 11,4 Stellen, in Petrikau 10, in Rawa nur 8, so daß sich die dünnere Bevölkerung von Rawa, abgesehen von der Lage des Kreises zwischen den Industriebezirken, zum Teil wohl auch durch diese Verhältnisse erklärt.

Lublin hat eine etwas dichtere Bevölkerung als Radom (102,6 auf die Quadratwerst gegen 100,6), obwohl die Durchschnittsgröße der Stellen die des Gouvernements Radom etwas übertrifft (5,2 gegen 5,1 Deßjatinen). Auf die Quadratwerst kommen nur 10,6 Stellen. Aber in Lublin wohnen auf der bäuerlichen und kleinadligen Stelle im Durchschnitt 7,7 Menschen (gegen 6,8 in Radom). Daraus scheint hervorzugehen, daß hier der Großgrundbesitz, der 40,8%, mit dem Kronland 42,5% der Fläche einnimmt (gegen 40,3% in Radom), mehr wie in Radom mit eigenen Arbeitern wirtschaftet und die bäuerliche Bevölkerung, soweit sie Land hat, der guten Böden wegen im ganzen weniger auf Nebenerwerb angewiesen ist als in Radom. Für die Bevölkerungsdichte kommt aber der Großgrundbesitz auch hier nur wenig in Frage. Von den ländlichen Kreisen (den Kreis Lublin muß man ausscheiden) ist der überwiegend bäuerliche Kreis Pulawy (Nowo-Alexandrja) — er hat 64,2% Kleinbesitz — am dichtesten bewohnt; hier wohnen auf jeder Stelle, die durchschnittlich 5,1 Deßjatinen groß ist, 7,1 Menschen; 12,8 Stellen kommen auf die Quadratwerst. Im Kreise Lubartow ist zwar der Kleinbesitz noch stärker; auf die Stelle, die auch größer ist als in Pulawy, kommen aber nur 6,4 Menschen. Vielmehr folgt an zweiter Stelle hinter Pulawy der Kreis, der den meisten Großgrundbesitz hat (51,4%), Hrubieszow, und der noch zum Schwarzerdegebiet gehört. Seine dichte Bevölkerung hängt mit der geringen Größe der Stellen zusammen; sie sind hier am kleinsten im Gouvernement (4,2 Deßjatinen); auf der Stelle wohnen 7,9 Menschen. Im Kreise Zamosc, der viel Wald hat, ist der Großgrundbesitz ebenso stark (51,3%), auf der Stelle wohnen auch mehr Menschen (8,7) — die Bevölkerung des Großgrundbesitzes fällt also stärker ins Gewicht —, aber die Stellen sind hier erheblich umfangreicher (5,8 Deßjatinen), und es kommen deshalb doch nur 91,3 Köpfe auf die Quadratwerst gegen 106,1 in Hrubieszow. Wenn der Kreis Krasnystaw, in dem der Großgrundbesitz fast ebenso umfangreich ist, Zamosc an Bevölkerungsdichte nur wenig übertrifft und hinter Hrubieszow erheblich zurücksteht, obwohl auch in Krasnystaw die Stellen nur 4,9 Deßjatinen groß sind und 7,8 Menschen auf der Stelle wohnen, so liegt das daran, daß in Hrubieszow und Zamosc die Städte gleichen Namens die Bevölkerungsquote in die Höhe drücken. Die am dünnsten bewohnten Kreise Janow und Bilgoraj haben 57—58% Kleinbesitz; sie haben größere Stellen (Bilgoraj 5,6 Deßjatinen, Janow 5,3 Deßjatinen); auf die Stelle kommen in Bilgoraj 7,2, in Janow 6,3 Köpfe; doch ist Janow trotzdem durch den Einfluß der Städte Janow und Krasnik etwas dichter bevölkert.

Während in den Gouvernements Kielce, Radom, Petrikau und Lublin für die Bevölkerungsdichte das Entscheidende die Größe der Stellen ist, ähnlich wie in Suwalki, Lomza und Siedlec, treffen wir nun in Kalisch auf ähnliche Verhältnisse wie in Plock. Das Ackerland nimmt hier überall mehr als 60% der Kreisfläche ein, nur in den Kreisen Wielun und Sieradz nicht, der Kleinbesitz herrscht mit 53,4% etwas vor. Die bäuerliche Stelle ist in Kalisch nur durchschnittlich 5,3 Deßjatinen groß (gegen 8,4 in Plock); sie entspricht also etwa der in Lublin. Aber Lublin und noch mehr Kielce, Petrikau und Radom übertrifft nun Kalisch durch die Zahl der Menschen, die durchschnittlich auf der Stelle wohnen, nämlich 9,6, fast so viel wie in Plock, wo 10,3 auf der Stelle wohnen. Es treffen in Kalisch also beide Momente zusammen, erstens die geringe Durchschnittsgröße der bäuerlichen Stellen und sodann eine starke landlose Bevölkerung, die in der Hauptsache auf dem Großgrundbesitz lebt. Das Zusammentreffen dieser beiden Momente bewirkt, daß Kalisch von allen ländlichen Gegenden des Zartums am dichtesten bevölkert ist; es ist selbst noch dichter bewohnt als Kielce (123,5 Köpfe auf die Quadratwerst gegen 113,8). Auch hier hängt das Vorhandensein der großen landlosen Bevölkerung ebenso wie in Plock und, wie wir noch sehen werden, auch in den westlichen Kreisen von Warschau offenbar damit zusammen, daß der Bauer in diesen Bezirken im ganzen weniger auf Nebenerwerb geht, und der Großgrundbesitz deshalb mehr auf seinen eigenen Arbeiterstamm angewiesen ist, was wiederum einen intensiveren landwirtschaftlichen Betrieb ermöglicht. In der Tat ist denn auch die landwirtschaftliche Kultur im Nordwesten des Zartums am höchsten entwickelt. Ob das freilich die Folge dieser Arbeiterverhältnisse ist oder ob nicht vielmehr umgekehrt die nach dem deutschen Vorbild immer intensiver gewordene Gutswirtschaft hier diese starke landlose Bevölkerung hat entstehen lassen, bleibe dahingestellt. Jedenfalls haben wir in Kalisch eine außerordentlich dichte ländliche Bevölkerung, so dicht, daß sich ein gewisses Abströmen bemerkbar macht. Wenigstens stammten von den 131174 Saisonarbeitern, die im Durchschnitt der Jahre 1900—1903 jährlich aus Russisch-Polen nach Deutschland kamen [1]), aus dem

Gouvernement Kalisch	65 293,	ferner kamen aus dem
„ Warschau [2])	8 187	
„ Plock	26 176	
„ Lomza	16 215	
„ Petrikau [3])	12 872	
„ Suwalki	2 431	

Allerdings stammten von denen, die aus dem Gouvernement Kalisch kamen, über die Hälfte (34 810) wieder aus den beiden Kreisen

---

1) Arb. des Warsch. Stat. Komitees Heft 19, Anlage zu Kap. II (russ.).

2) nur aus den Kreisen Nieszawa und Wloclawek.

3) hauptsächlich aus dem Kreise Czenstochau, daneben noch aus Bendzin, Lask und Nowo-Radomsk.

Slupce und Wielun, was ebenso wie die verhältnismäßig lebhafte Auswanderung aus Lomza und auch aus Plock beweist, daß die Nähe der preußischen Grenze und der Anreiz, den die höheren Löhne in Deutschland ausüben, die Hauptursache der Saisonauswanderung ist; aber immerhin bleibt die besonders starke Saisonauswanderung aus dem Gouvernement Kalisch bemerkenswert.

In den einzelnen Kreisen von Kalisch liegen die Verhältnisse folgendermaßen. Es betrug:

	die Durchschnittsgröße Deßjatinen	auf jede Stelle kamen ... Köpfe	Auf die Quadratwerst kamen ... Stellen
Kreis Wielun	5,0	8,6	10,7
„ Kalisch	4,9	9,5	9,8
„ Kolo	6,0	11,3	8,9
„ Konin	5,4	8,9	11,9
„ Lenczyca	5,6	11,3	8,8
„ Slupce	6,3	12,7	7,7
„ Sieradz	4,6	8,0	11,4
„ Turek	5,1	8,1	11,5

Die beiden Kreise Turek und Wielun sind am dünnsten bevölkert, obwohl wenigstens in Turek der Kleinbesitz den Durchschnitt des Gouvernements übersteigt (56,8%); dabei sind die Stellen hier am kleinsten; aber die Bodenverhältnisse sind am ungünstigsten und die landlose Bevölkerung daher wohl am geringsten. In Sieradz liegen die Verhältnisse ebenso; doch ist infolge des industriellen Einschlags die Bevölkerungsquote höher. In Kalisch, und namentlich in Kolo, Lenczyca und Slupce haben wir einen stark bevölkerten Großgrundbesitz; obwohl z. B. in Kolo 55,1% des Kreises in der Hand der Kleinbesitzer sind, kommen doch 11,3 Köpfe auf die Stelle. Da auch eine starke Kleinbauernwirtschaft vorhanden ist, haben diese Kreise durchweg eine sehr dichte Besiedlung (Lenczyca 130,6, Kolo 129,2, Slupce 123,0 Köpfe auf die Quadratwerst). Wenn Lenczyca, wo der Großgrundbesitz am umfangreichsten ist, die dichteste Bevölkerung hat, so liegt das an dem Einfluß des Industrieortes Ozorkow; nach den ländlichen Verhältnissen hätte wohl Kolo die dichteste Bevölkerung. In Slupca gleicht die Größe der Stellen die dichte Bevölkerung des Großgrundbesitzes wohl in etwas wieder aus. Im Kreise Konin kommen nur 8,9 Köpfe auf die Stelle, aber dieser Kreis hat den meisten Kleinbesitz im Gouvernement (63,8%) und deshalb fast die gleiche Bevölkerungsdichte wie Kolo.

In den westlichen Kreisen des Gouvernements Warschau liegen die Verhältnisse ganz ähnlich. In allen Kreisen (außer Lowicz und Skierniewice) dominiert der Großgrundbesitz, wenn auch in Grojec und Gostynin Kronland und Großgrundbesitz nicht ganz 50% ausmachen. Die Stellen sind durchweg größer als in Kalisch, dafür kommen namentlich in den westlichsten Kreisen mehr Menschen auf die einzelne Stelle, so daß die Bevölkerungsdichte nicht sehr von Kalisch abweicht. Im einzelnen betrug

	die Durchschnittsgröße der Stelle Deßjatinen	auf die Stellen kommen ... Köpfe	auf die Quadratwerst kommen ... Stellen
Kreis Nieszawa	6,6	12,7	7,3
„ Wloclawek	6,8	12,9	5,6
„ Kutno	4,6	13,7	7,0
„ Gostynin	6,2	9,2	7,8
„ Lowicz	7,6	8,7	9,9
„ Skierniewice	8,0	10,3	8,9
„ Grojec	6,2	9,8	7,7
„ Sochazewo	6,9	9,7	7,8

Der dicht bevölkerte Kreis Kutno, der den meisten Großgrundbesitz im Zartum hat, hat zwar durchschnittlich verhältnismäßig kleine Stellen, vor allem ist aber hier ausschlaggebend doch die verhältnismäßig sehr dichte Bevölkerung des Großgrundbesitzes, die augenscheinlich durch die Intensität der Landwirtschaft und damit zusammenhängende Nebenbetriebe, wie Zuckerfabriken, veranlaßt wird. In Wloclawek und Nieszawa sind die Stellen größer, und das fällt doch, wie es scheint, bevölkerungsvermindernd ins Gewicht; wenigstens ist Nieszawa dünner bewohnt (105,3 Köpfe auf die Quadratwerst) als etwa Kolo und Slupce, in denen freilich auch der Kleinbesitz etwas stärker ist. In Wloclawek macht sich der Einfluß der gleichnamigen Stadt stark geltend. In Grojec und Gostynin sind die Stellen etwas kleiner, in dem Kreise Grojec, der besseren Boden und etwas stärkeren Großgrundbesitz hat (48,5% gegen 46,2%), kommen infolgedessen mehr Köpfe auf die Stelle, und infolgedessen ist er auch dichter bewohnt als Gostynin. Freilich steht in Grojec die Kopfzahl, die auf die Stelle entfällt, wieder erheblich hinter Nieszawa zurück, und entsprechend geringer ist auch die Bevölkerungsdichte. Die beiden Kreise Lowicz und Skierniewice sind überwiegend bäuerlich (Lowicz 73,4%, Skierniewice 68,5%), die Stellen sind durchschnittlich größer als in den übrigen Kreisen, auf jede entfällt eine verhältnismäßig hohe Kopfzahl. Doch sind diese Kreise trotz des überwiegenden Kleinbesitzes und trotz eines freilich nicht sehr bedeutenden industriellen Einschlags nur ebenso dicht bevölkert als der Großgrundbesitzkreis Nieszawa (106 Köpfe auf die Quadratwerst gegen 105) und erheblich dünner als Kutno — ein deutlicher Beweis, daß hier die Kreise mit viel Großgrundbesitz infolge der starken landlosen Bevölkerung keineswegs hinsichtlich der Bevölkerungsdichte hinter den Kreisen mit überwiegendem Kleinbesitz zurückstehen.

Im ganzen sehen wir, daß die dichte Bevölkerung des Zartums Polen durchaus nicht allein eine Folge der Industrialisierung ist, sondern in den ländlichen Verhältnissen begründet ist. Der Hauptgrund liegt in einer außerordentlich weitgehenden Zersplitterung des Bodens und in dem massenhaften Vorhandensein bäuerlicher Zwergbesitzer. Im Süden, im Gouvernement Kielce und im südlichsten Zipfel von Petrikau, in Bendzin, ist diese Zersplitterung des Bodens am weitesten vorgeschritten; überhaupt steht die ganze südliche Hälfte des Zartums, die fünf Gouvernements Kalisch, Kielce, Radom, Petrikau und Lublin im Zeichen überwiegenden Zwergbesitzes. Die Folge davon ist ein starkes ländliches Proletariat, das, soweit es nicht in die Industriebezirke abströmt, hauptsächlich in den Großgrundbesitzkreisen der Nordwestecke erscheint. Von einem Mangel an ländlichen Arbeitskräften kann, nebenbei bemerkt, unter diesen Verhältnissen im großen und ganzen schwerlich die Rede sein; wenn darüber hier und da vom Großgrundbesitz geklagt wird, so handelt es sich wohl mehr um lokale Erscheinungen, deren Ursache einfach in den mangelhaften Verkehrs- und Organisationsverhältnissen liegt. In der nördlichen Hälfte, in den Gouvernements Warschau, Plock, Siedlec, Lomza und Suwalki sind die Stellen durchschnittlich größer. Wo der Kleinbesitz stark vorherrscht, wie in Lomza, Siedlec und in einzelnen Kreisen von Suwalki, ist deshalb die Bevölkerungsdichte relativ gering; daß sie, absolut betrachtet, auch hier durchweg ziemlich hoch ist, liegt eben an dem starken Kleinbesitz. Noch geringer aber ist sie naturgemäß in denjenigen Kreisen von Suwalki, in denen der Kleinbesitz zurücktritt und der Großgrundbesitz menschenleer ist. Wo dagegen der besseren Bodenverhältnisse und der intensiven Landwirtschaft wegen der Großgrundbesitz dicht bevölkert ist, wie in Plock und im Westen von Warschau, haben wir trotz geringeren Kleinbesitzes und trotz großen durchschnittlichen Umfangs der Stellen dicht besiedelte Kreise; es wäre ebenso falsch, im Zartum überwiegend bäuerliche Kreise mit dicht bevölkerten und überwiegend Großgrundbesitzkreise mit dünn bevölkerten zu identifizieren, wie etwa einfach aus der Stellengröße der Kleinbesitzungen auf die Bevölkerungsdichte zu schließen. So ist das Zartum Polen heute ein Gebiet, mit dem verglichen unsere Ostprovinzen dünn bevölkert erscheinen; es ist bewohnt von einer dichten ländlichen Bevölkerung; namentlich im Weichselbogen ist freilich die Industrialisierung bereits weit vorgeschritten. Es ist bewohnt von einer kompakten, nur von Juden stärker durchsetzten polnischen Bevölkerung, die heute auch in ihren breiten Schichten durchaus nicht als politisch indifferent zu bezeichnen ist und die kulturell und wirtschaftlich zwar hinter dem preußischen Polentum weit zurücksteht, die aber in Rußland im allgemeinen sicher an dritter Stelle, hinter Deutschen und Finnen, folgt und auch das galizische Polentum in mancher Hinsicht überflügelt hat.

Anlage I.

Die Bevölkerung des

Name des Kreises	Umfang in □ Werst (1909)	Bevölkerung 1909 nach Städten (St.[1]), Flecken (Fl.), auf dem Lande (L.) und zusammen (zus.)		auf die □ Werst entfielen 1909 Köpfe	auf den qkm entfielen 1909 Köpfe
					Gouvernement
Stadt Warschau	26,5	St.[1]	764 054	28 832,2	25 335,9
Kreis Warschau		St.[1]	7 400		
St. Nowydwor 7 400		Fl.	5 547		
		L.	262 231		
	1 212,8	zus.	275 178	226,9	199,4
Blonie		St.[2]	12 176		
St. Blonie 4993		Fl.	10 343		
Mszczonow 7183		L.	117 793		
	908,3	zus.	140 312	154,5	135,8
Gostynin		St.[2]	12 900		
St. Gostynin 6757		Fl.	1 866		
Gombin 6143		L.	73 639		
	1 010,5	zus.	88 405	87,5	76,9
Grojec		St.[2]	11 014		
St. Grojec 5086		Fl.	21 763		
Warka 5928		L.	111 381		
	1 472,4	zus.	144 158	97,9	86,0
Kutno		St.[1]	14 407		
		Fl.	10 108		
		L.	77 443		
	799,6	zus.	101 958	127,5	112,0
Lowicz		St.[1]	14 408		
		Fl.	5 382		
		L.	87 808		
	1 015,3	zus.	107 598	106,0	93,1
Nieszawa		St.[1]	3 191		
		Fl.	10 228		
		L.	101 123		
	1 088,1	zus.	114 542	105,3	92,5

[1]) Die Zahl am St. gibt an, wieviel Städte im Kreise liegen. Wo mehr als eine Stadt im Kreise liegt, bzw. der Name der einen Stadt des Kreises nicht mit dem Kreisnamen identisch ist, sind Namen und Einwohnerzahl unter dem Kreisnamen angegeben.

Zartums (1909).

von der Bevölkerung (Spalte 3) waren Juden²)				Prozent	Protestanten 1. 1. 1909	Prozent der 1909 vorhandenen Bevölkerung	Mariaviten 1909	Prozent
Warschau								
St.	281 754			36,9	18 189	2,4	2 818	0,4
St.	4 474			60,5	908	12,3	—	—
Fl.	2 786			50,2	58	1,0	3 210	1,2
L.	32 093			12,2	17 707	6,8	—	—
zus.	39 353			14,3	18 673	6,8	3 210	1,2
St.	6 178	Blonie	1819	50,7	137	1,1	284	—
Fl.	4 240		(36,4%)	41,0	229	2,2	—	—
L.	4 283	Mszczonow	4359	3,6	7 169	6,1	1 475	—
zus.	14 701		(60,7%)	10,5	7 535	5,4	1 759	1,2
St.	6 119	Gostynin	2961	47,4	1 434	11,1	—	—
Fl.	567		(43,8%)	30,4	103	5,5	—	—
L.	682	Gombin	3158	0,9	12 191	16,6	362	0,5
zus.	7 368		(51,8%)	8,4	13 728	15,5	362	0,5
St.	6 379	Grojec	3261	57,9	345	3,1	—	—
Fl.	9 411		(64,1%)	43,2	1 532	7,0	—	—
L.	1 802	Warka	3118	1,6	3 050	2,7	264	—
zus.	17 592		(52,6%)	12,2	4 927	3,4	264	—
St.	9 083			63,0	312	2,2	—	—
Fl.	4 567			45,2	328	3,2	—	—
L.	359			0,5	1 902	2,5	177	0,2
zus.	14 009			13,7	2 542	2,5	177	0,2
St.	5 369			37,3	630	4,4	836	5,8
Fl.	1 154			21,4	57	1,1	—	—
L.	741			0,8	2 158	2,5	329	0,4
zus.	7 264			6,8	2 845	2,6	1 165	1,1
St.	549			17,2	546	17,1	—	—
Fl.	3 083			30,1	210	2,1	—	—
L.	1 048			1,0	12 897	12,8	—	—
zus.	4 680			4,1	13 653	11,9	—	—

²) In den Kreisen, in denen mehr als eine Stadt liegt, ist außerdem die Zahl der Juden und ihr Anteil an der Bevölkerung für jede Stadt besonders angegeben.

Name des Kreises	Umfang in □ Werst 1909	Bevölkerung 1909 nach Städten (St.), Flecken (Fl.), auf dem Lande (L.) und zusammen (zus.)		auf die □ Werst entfielen 1909 Köpfe	auf den qkm entfielen 1909 Köpfe
Nowo-Minsk		St.[2]	15 637		
St. Minsk Mazow. 5547		Fl.	12 080		
Kaluszyn 10 090		L.	96 711		
	1 156,2	zus.	124 428	107,6	94,6[illegible]
Plonsk		St.[2]	17 372		
St. Plonsk 11 682		Fl.	5 716		
Zakroczym 5690		L.	81 913		
	1 183,4	zus.	105 001	88,7	77,9[illegible]
Pultusk		St.[2]	21 294		
St. Pultusk 15 198		Fl.	10 746		
Nasielsk 6096		L.	86 824		
	1 295,5	zus.	118 864	91,8	80,7[illegible]
Radzymin		St.[1]	3 637		
		Fl.	3 842		
		L.	74 417		
	987,7	zus.	81 896	82,9	72,8[illegible]
Skierniewice		St.[1]	9 630		
		Fl.	—		
		L.	60 464		
	660,2	zus.	70 094	106,2	93,3[illegible]
Sochaczewo		St.[1]	6 657		
		Fl.	774		
		L.	67 126		
	898,6	zus.	74 557	83,0	72,9[illegible]
Wloclawek		St.[2]	36 193		
St. Wloclawek 33 248		Fl.	14 509		
Brzesc Kujawski 2945		L.	76 938		
	1 076,2	zus.	127 640	118,6	104,2[illegible]
Gouv. Warschau zus.[1])		St.	185 916		
		Fl.	112 904		
		L.	1 375 811		
	14 764,8	zus.	1 674 631	113,4	99,6[illegible]

[1]) ohne Warschau.

von der Bevölkerung (Spalte 3)		waren Juden	Prozent	Protestanten 1. 1. 1909	Prozent der 1909 vorhandenen Bevölkerung	Mariaviten 1909	Prozent
St.	12 004	Kaluszyn 8602	76,8	20	0,1	13	—
Fl.	5 288	(85,2%)	43,8	4	—	632	—
L.	3 477	Minsk-Maz. 3402	3,6	2 303	2,4	4 072	—
zus.	20 769	(61,3%)	16,7	2 327	1,9	4 717	3,8
St.	10 556	Plonsk 7563	60,8	38	0,2	—	—
Fl.	2 222	(64,7%)	38,9	119	2,1	—	—
L.	1 447	Zakroczym 2993	1,8	3 119	3,8	1 215	1,5
zus.	14 225	(52,6%)	13,5	3 276	3,1	1 215	1,2
St.	11 675	Pultusk 6950	54,8	235	1,1	—	—
Fl.	5 611	(45,1)%	52,2	7	0,1	—	—
L.	1 721	Nasielsk 4725	2,0	2 331	2,7	220	0,2
zus.	19 007	(77,5%)	16,0	2 573	2,2	220	0,2
St.	2 332		64,1	12	0,3	—	—
Fl.	1 679		43,7	1	—	—	—
L.	40 20		5,4	3 581	4,8	1 092	—
zus.	8 031		9,8	3 594	4,4	1 092	1,3
St.	4 290		44,6	140	1,5	—	—
Fl.	—		—	—	—	—	—
L.	757		1,2	1 990	3,3	596	1,0
zus.	5 047		7,2	2 130	3,0	596	0,9
St.	4 746		71,3	8	0,1	—	—
Fl.	242		31,3	82	10,6	—	—
L.	992		1,5	7 285	10,9	106	0,1
zus.	5 980		8,0	7 375	9,9	106	0,2
St.	7 681	Wloclawek 6831	21,2	3 696	10,2	—	—
Fl.	5 819	(20,5%)	40,1	804	5,6	—	—
L.	78	Brzesc Kuj. 850	0,1	11 982	15,6	—	—
zus.	13 578	(28,9%)	10,6	16 482	12,9	—	—
St.	91 435		49,2	8 461	4,6	1 133	0,6
Fl.	46 669		41,3	3 534	3,1	632	0,6
L.	53 500		3,9	89 665	6,5	13 118	1,0
zus.	191 604		11,4	101 660	6,1	14 883	0,9

Name des Kreises	Umfang in □ Werst (1909)	Bevölkerung 1909 nach Städten (St.), Flecken (Fl.), auf dem Lande (L.) und zusammen (zus.)		auf die □ Werst entfielen 1909 Köpfe	auf den qkm entfielen 1909 Köpfe
					Gouvernement
Petrikau		St.[1]	38 114		
		Fl.	18 506		
		L.	131 084		
	1 767,2	zus.	187 704	106,2	93,3
Bendzin		St.[2]	126 426		
St. Bendzin 45 716		Fl.	29 146		
Sosnowice 80 710		L.	203 791		
	1 188,9	zus.	359 363	302,3	265,6
Brzeziny		St.[2]	42 374		
St. Brzeziny 14 919		Fl.	14 097		
Tomaszow 27 455		L.	79 631		
	968,8	zus.	136 102	140,5	123,5
Czenstochau		St.[1]	69 525		
		Fl.	16 693		
		L.	134 576		
	1 643,8	zus.	220 794	134,3	118,0
Lask		St.[2]	43 311		
St. Lask (1908): 5998		Fl.	8 926		
Pabianice 37 491		L.	108 343		
	1 222,6	zus.	160 580	131,3	115,4
Kr. Lodz		St.[2]	412 009		
St. Lodz 393 526		Fl.	23 379		
Zgierz 18 483		L.	142 170		
	820,8	zus.	577 558	703,8	618,5
Nowo Radomsk		St.[1]	18 620		
		Fl.	11 078		
		L.	138 927		
	1 825,0	zus.	168 625	92,4	81,2
Rawa		St.[1]	9 793		
		Fl.	9 690		
		L.	71 453		
	1 143,5	zus.	90 936	79,6	69,9

	von der Bevölkerung (Spalte 3) waren Juden		Prozent	Protestanten 1. 1. 1909	Prozent der 1909 vorhandenen Bevölkerung	Mariaviten 1909	Prozent
Petrikau							
St.	13 960		36,6	1 499	4,0	—	—
Fl.	8 152		44,0	1 071	5,8	—	—
L.	2 682		2,1	15 447	11,8	—	—
zus.	24 794		13,2	18 017	9,6	—	—
St.	35 335	Bendzin 22074	27,9	8 226	6,5	1 012	0,8
Fl.	5 969	(48,3%)	20,5	148	0,5	117	0,4
L.	16 094	Sosnowice 13261	7,9	2 442	1,2	558	0,3
zus.	57 398	(16,4%)	16,0	10 816	3,0	1 687	0,5
St.	18 320	Brzeziny 8214	43,3	9 508	22,4	12	—
Fl.	6 587	(55,1%)	46,7	333	2,4	1 283	9,1
L.	1 047	Tomaszow 10 106	1,3	14 972	18,8	6 879	8,6
zus.	25 954	(36,4%)	19,1	24 813	18,2	8 174	6,0
St.	22 024		31,7	747	1,1	2	—
Fl.	8 281		49,6	—	—	—	—
L.	2 593		1,9	1 629	1,2	77	0,1
zus.	32 898		14,9	2 376	1,1	79	0,1
St.	10 571	Lask 4426 (73,8%)	24,4	5 591	12,9	—	—
Fl.	39 63	Pabianice 7325	44,4	43	0,5	—	—
L.	4 141	(19,5)%	3,8	16 490	15,2	—	—
zus.	18 675		11,6	22 124	13,8	—	—
St.	92 631	Lodz 88201	22,5	106 860	25,9	34 526	8,4
Fl.	6 347	(22,4%)	27,1	7 251	31,0	—	—
L.	12 597	Zgierz 4430	8,8	44 452	31,3	1 368	1,0
zus.	111 575	(23,9%)	19,3	158 563	27,5	35 894	6,2
St.	8 471		45,5	305	1,6	—	—
Fl.	3 216		29,0	48	0,4	—	—
L.	4 166		3,0	4 166	3,0	—	—
zus.	15 853		9,4	4 519	2,7	—	—
St.	5 109		52,2	157	1,6	—	—
Fl.	5 206		53,7	17	0,2	—	—
L.	600		0,9	3 873	5,4	5	
zus.	10 915		12,0	4 047	4,5	5	—

Name des Kreises	Umfang in □ Werst (1909)	Bevölkerung 1909 nach Städten (St.), Flecken (Fl.), auf dem Lande (L.) und zusammen (zus.)		auf die □ Werst entfielen 1909 Köpfe	auf den qkm entfielen 1909 Köpfe
Gouv. Petrikau zus. ...		St.	760 172		
		Fl.	131 515		
		L.	1 009 975		
	10 580,6	zus.	1 901 662	179,7	157,9
					Gouvernement
Kalisch		St.[2]	52 166		
St. Kalisch 46 796		Fl.	11 910		
Blaszki 5370		L.	115 225		
	1 231,9	zus.	179 301	145,5	127,9
Kolo		St.[2]	13 672		
St. Kolo 9397		Fl.	16 906		
Dombie 4275		L.	109 019		
	1 080,8	zus.	139 597	129,2	113,5
Konin		St.[1]	8 071		
		Fl.	10 710		
		L.	100 994		
	951,8	zus.	119 775	125,9	110,6
Lenczyca		St.[2]	26 178		
St. Lenczyca 9230		Fl.	9 112		
Ozorkow 16 948		L.	112 311		
	1 130,6	zus.	147 601	130,6	114,8
Slupce..............		St.[1]	5 862		
		Fl.	20 101		
		L.	96 942		
	999,4	zus.	122 905	123,0	108,0
Sieradz		St.[3]	37 345		
St. Sieradz 9646		Fl.	7 342		
Zdunska Wola 22 504		L.	127 365		
Warta 5195	1 409,2	zus.	172 052	122,0	107,2
Turek................		St.[1]	9 341		
St. Turek 9341		Fl.	7 039		
		L.	105 635		
	1 127,7	zus.	122 015	108,2	95,1

	von der Bevölkerung (Spalte 3) waren Juden		Prozent	Protestanten 1. 1. 1909	Prozent der 1909 vorhandenen Bevölkerung	Mariaviten 1909	Prozent
St.	206 421		27,2	132 893	17,5	35 552	4,7
Fl.	47 721		36,3	8 911	6,8	1 400	1,0
L.	43 920		4,3	103 471	10,2	8 887	0,9
zus.	298 062		15,7	245 275	12,9	45 839	2,4
Kalisch							
St.	18 064	Kalisch 14740	34,6	5 907	11,4	—	—
Fl.	1 635	(31,5%)	13,7	590	5,0	—	—
L.	622	Blaszki 3324	0,5	14 055	12,2	—	—
zus.	20 321	(61,9%)	11,3	20 552	11,5	—	—
St.	6 215	Kolo 5242 (55,8%)	45,5	867	6,3	—	—
Fl.	5 608	Dombie 973	33,2	909	5,4	—	—
L.	461	(22,8%)	0,4	15 494	14,2	60	0,1
zus.	12 284		8,8	17 270	12,4	60	—
St.	4 073		50,5	641	7,9	—	—
Fl.	3 182		29,7	580	5,4	—	—
L.	255		0,2	13 595	13,5	—	—
zus.	7 510		6,3	14 816	12,4	—	—
St.	13 278	Lenczyca 5802	50,7	4 186	16,0	—	—
Fl.	4 123	(62,9) %	45,2	299	3,3	234	2,6
L.	603	Ozorkow 7476	0,5	7 536	6,7	1 271	1,1
zus.	18 004	(44,1%)	12,2	12 021	8,1	1 505	1,0
St.	2 077		35,4	44	0,8	—	—
Fl.	4 261		21,2	632	3,1	—	—
L.	883		0,9	16 893	17,4	—	—
zus.	7 221		5,9	17 569	14,3	—	—
St.	15 092	Sieradz 4682 (48,5%)	40,4	4 597	12,3	—	—
Fl.	2 631	Warta 3113 (60,0%)	35,8	169	2,3	—	—
L.	943	Zdunska Wola	0,8	7 273	5,7	—	—
zus.	18 666	7297 (32,4%)	10,8	12 039	7,0	—	—
St.	2 512		26,9	1 418	15,2	—	—
Fl.	2 737		38,9	103	1,5	—	—
L.	592		0,6	7 530	7,1	—	
zus.	5 841		4,8	9 051	7,4	—	—

Name des Kreises	Umfang in □ Werst (1909)	Bevölkerung (1909) nach Städten (St.), Flecken (Fl.), auf dem Lande (L.) und zusammen (zus.)		auf die □ Werst entfielen 1909 Köpfe	auf den qkm entfielen 1909 Köpfe
Wielun		St.[1]	9 095		
		Fl.	25 125		
		L.	168 675		
	1 837,8	zus.	202 895	110,4	97,0
Gouv. Kalisch zus.		St.	161 730		
		Fl.	108 245		
		L.	936 166		
	9 769,2	zus.	1 206 141	123,5	108,5

Gouvernement

Radom		St.[1]	39 981		
		Fl.	17 778		
		L.	138 709		
	1 775,4	zus.	196 468	110,1	96,7
Ilza		St.	—		
		Fl.	31 192		
		L.	112 468		
	1 611,6	zus.	143 660	89,1	78,3
Kozienice		St.[1]	8 633		
		Fl.	17 385		
		L.	111 242		
	1 602,3	zus.	137 260	85,7	75,3
Konsk		St.[3]	24 396		
St. Konsk 8341		Fl.	14 507		
Przedborz 8097		L.	115 335		
Szydlowiec 7958	1 675,9	zus.	154 238	92,0	80,8
Opatow		St.[2]	20 932		
St. Opatow 7 881		Fl.	23 489		
Ostrowiec 13 051		L.	128 859		
	1 407,4	zus.	173 280	123,1	108,2
Opoczno		St.[1]	7 550		
		Fl.	16 257		
		L.	109 265		
	1 539,9	zus.	133 072	86,4	75,9

von der Bevölkerung (Spalte 3) waren Juden			Prozent	Protestanten 1. 1. 1909	Prozent der 1909 vorhandenen Bevölkerung	Mariaviten 1909	Prozent
St.	3 444		37,8	352	3,9	—	—
Fl.	10 812		43,0	113	0,4	—	—
L.	3 773		2,2	2 301	1,4	—	—
zus.	18 029		8,9	2 766	1,4	—	—
St.	64 755		40,1	18 012	11,1	—	—
Fl.	34 989		32,3	3 395	3,1	234	0,2
L.	8 132		0,9	84 677	9,0	1 331	0,1
zus.	107 876		9,0	106 084	8,8	1 565	0,1
Radom							
St.	16 979		42,5	492	1,2	—	—
Fl.	9 688		54,5	7	—	—	—
L.	4 870		3,5	2 222	1,6	—	—
zus.	31 537		16,1	2 721	1,4	—	—
St.	—		—	—	—	—	—
Fl.	13 547		43,4	22	0,1	12	—
L.	2 743		2,4	1 188	1,1	26	—
zus.	16 290		11,3	1 210	0,8	38	—
St.	4 702		54,5	15	0,2	—	—
Fl.	8 380		48,2	24	0,1	—	—
L.	2 182		2,0	4 782	4,3	—	—
zus.	15 264		11,1	4 821	3,5	—	—
St.	17 887	Końsk 5 563 (66,2%)	73,3	33	0,1	—	—
Fl.	5 565	Przedborz 6 353 (78,5%)	38,4	381	2,6	—	—
L.	2 558	Szydlowiec 5 971	2,2	318	0,3	—	—
zus.	26 010	(75,0%)	16,9	732	0,5	—	—
St.	12 891	Opatow 5092	61,6	—	—	—	—
Fl.	10 873	(64,6%)	46,3	9	—	—	—
L.	2 721	Ostrowiec 7799	2,1	281	0,2	—	—
zus.	26 485	(59,8%)	15,3	290	0,2	—	—
St.	4 025		53,3	80	1,1	—	—
Fl.	8 284		50,9	4	—	—	—
L.	2 397		2,2	1 881	1,7	169	0,2
zus.	14 706		11,1	1 965	1,5	169	0,1

Name des Kreises	Umfang in □ Werst (1909)	Bevölkerung 1909 nach Städten (St.), Flecken (Fl.), auf dem Lande (L.) und zusammen (zus.)		auf die □ Werst entfielen 1909 Köpfe	auf den qkm entfielen 1909 Köpfe
Sandomierz		St.[2]	16 532		
St. Sandomierz 6798		Fl.	20 703		
Staszow 9734		L.	94 531		
	1 022,2	zus.	131 766	128,9	113,3
Gouv. Radom zus.		St.	118 024		
		Fl.	141 311		
		L.	810 409		
	10 634,7	zus.	1 069 744	100,6	88,4

Gouvernement

Name des Kreises	Umfang in □ Werst (1909)	Bevölkerung 1909 nach Städten (St.), Flecken (Fl.), auf dem Lande (L.) und zusammen (zus.)		auf die □ Werst entfielen 1909 Köpfe	auf den qkm entfielen 1909 Köpfe
Kielce		St.[2]	36 408		
St. Kielce 30 818		Fl.	8 161		
Chenciny 5590		L.	134 604		
	1 622,9	zus.	179 173	110,4	97,0
Jendrzejow		St.	—		
		Fl.	16 808		
		L.	83 330		
	1 083,2	zus.	100 138	92,5	81,3
Wloszczowa		St.	—		
		Fl.	16 549		
		L.	78 574		
	1 174,4	zus.	95 123	81,0	71,2
Miechow		St.[1]	3 783		
		Fl.	11 781		
		L.	134 850		
	1 155,1	zus.	150 414	130,2	114,4
Olkusz		St.[1]	6 032		
		Fl.	29 613		
		L.	116 368		
	1 164,1	zus.	152 013	130,6	114,8
Pinczow.............		St.[2]	16 961		
St. Pinczow 10 480		Fl.	7 814		
Dzialoszyce 6481		L.	113 240		
	1 001,5	zus.	138 015	137,7	121,0

von der Bevölkerung (Spalte 3) waren Juden			Prozent	Protestanten 1. 1. 1909	Prozent der 1909 vorhandenen Bevölkerung	Mariaviten 1909	Prozent
St.	10 459	Sandomierz 3638	63,3	63	0,4	—	—
Fl.	11 343	(53,6%)	54,8	11	0,1	—	—
L.	1 688	Staszow 6831	1,8	958	1,0	—	—
zus.	23 490	(70,1%)	17,8	1 032	0,8	—	—
St.	66 943		56,7	683	0,6	—	—
Fl.	67 680		47,9	458	0,3	12	—
L.	19 159		2,4	11 630	1,4	195	—
zus.	153 782		14,4	12 771	1,2	207	—
Kielce							
St.	14 620	Kielce 11206	40,2	253	0,7	—	—
Fl.	2 848	(36,4%)	34,5	11	—	—	—
L.	6 826	Chenciny 3414	5,1	948	0,7	—	—
zus.	24 294	(61,1%)	13,6	1 212	0,7	—	—
St.	—		—	—	—	—	—
Fl.	7 372		43,9	—	—	—	—
L.	2 377		2,9	13	—	—	—
zus.	9 749		9,7	13	—	—	—
St.	—		—	—	—	—	—
Fl.	8 505		51,4	74	0,5	—	—
L.	1 635		2,1	863	1,1	—	—
zus.	10 140		10,7	937	1,0	—	—
St.	1 340		35,4	4	—	—	—
Fl.	3 289		27,9	—	—	—	—
L.	1 954		1,4	17	—	—	—
zus.	6 583		4,4	21	—	—	—
St.	3 249		53,9	31	0,5	—	—
Fl.	6 387		21,6	81	0,3	—	—
L.	6 732		5,8	86	0,1	—	—
zus.	16 368		10,8	198	0,1	—	—
St.	11 038	Pinczow 5593	65,1	35	—	—	—
Fl.	3 477	(53,4)%	44,5	—	—	—	—
L.	2 587	Dzialoszyce 5445	2,3	15	—	—	—
zus.	17 102	(84,0%)	12,4	50	—	—	—

Name des Kreises	Umfang in □ Werst (1909)	Bevölkerung 1909 nach Städten (St.), Flecken (Fl.), auf dem Lande (L.) und zusammen (zus.)		auf die □ Werst entfielen 1909 Köpfe	auf den qkm entfielen 1909 Köpfe
Stopnica		St.[1]	8 440		
St. Chmielnik 8440		Fl.	23 712		
		L.	126 219		
	1 348,5	zus.	158 371	117,4	103,2
Gouv. Kielce zus.......		St.	71 624		
		Fl.	112 438		
		L.	789 185		
	8549,7	zus.	973 247	113,8	100,0

Gouvernement

Name des Kreises	Umfang in □ Werst (1909)	Bevölkerung 1909		auf die □ Werst entfielen 1909 Köpfe	auf den qkm entfielen 1909 Köpfe
Plock		St.[2]	35 248		
St. Plock 30 612		Fl.	7 203		
Wyszogrod 4636		L.	81 416		
	1 158,9	zus.	123 867	106,9	93,9
Ciechanow		St.[1]	8 776		
		Fl.	—		
		L.	71 285		
	1 032,3	zus.	80 061	77,6	68,2
Mlawa...............		St.[1]	17 178		
		Fl.	7 050		
		L.	90 144		
	1289,0	zus.	114 372	88,7	77,9
Przasznysz		St.[1]	10 583		
		Fl.	6 775		
		L.	62 124		
	1 213,2	zus.	79 482	65,5	57,6
Rypin		St.[1]	6 049		
		Fl.	6 827		
		L.	77 099		
	1 108,2	zus.	89 975	81,2	71,4
Sierpec		St.[1]	8 009		
		Fl.	14 932		
		L.	60 961		
	945,8	zus.	83 902	88,7	77,9

von der Bevölkerung (Spalte 3) waren Juden			Prozent	Protestanten 1. 1. 1909	Prozent der 1909 vorhandenen Bevölkerung	Mariaviten 1909	Prozent
St.	6 602		78,2	—	—	—	—
Fl.	13 229		55,8	3	—	—	—
L.	2 444		1,9	606	0,5	—	—
zus.	22 275		14,1	609	0,4	—	—
St.	36 849		51,4	323	0,5	—	—
Fl.	43 107		38,3	169	0,2	—	—
L.	26 555		3,4	2 548	0,3	—	—
zus.	106 511		10,9	3 040	0,3	—	—
Plock							
St.	15 271	Plock 11981	43,3	970	2,8	—	—
Fl.	3 681	(39,1%)	51,1	7	0,1	13	0,2
L.	721	Wyszogrod 3290	0,9	6 215	7,6	716	0,9
zus.	19 673	(71,0%)	15,9	7 192	5,8	729	0,6
St.	6 125		69,8	30	0,3	—	—
Fl.	—		—	—	—	—	—
L.	963		1,4	4 107	5,8	—	—
zus.	7 088		8,9	4 137	5,2	—	—
St.	7 738		45,1	571	3,3	—	—
Fl.	2 508		35,6	54	0,8	—	—
L.	1 250		1,4	1 328	1,5	—	—
zus.	11 496		10,1	1 953	1,7	—	—
St.	5 243		49,6	142	1,3	—	—
Fl.	2 839		41,9	13	0,2	—	—
L.	862		1,4	81	0,1	—	—
zus.	8 944		11,3	236	0,3	—	—
St.	2 922		48,3	213	3,5	—	—
Fl.	3 297		48,3	249	3,6	—	—
L.	992		1,3	12 031	15,6	—	—
zus.	7 211		8,0	12 493	13,9	—	—
St.	3 949		49,3	42	0,5	—	—
Fl.	5 997		40,2	64	0,4	—	—
L.	523		0,9	2 569	4,0	—	—
zus.	10 469		12,5	2 675	3,2	—	—

Name des Kreises	Umfang in □ Werst (1909)	Bevölkerung 1909 nach Städten (St.), Flecken (Fl.), auf dem Lande (L.) und zusammen (zus.)		auf die □ Werst entfielen 1909 Köpfe	auf den qkm entfielen 1909 Köpfe
Lipno		St.[2]	10 505		
St. Lipno 7305		Fl.	2 889		
Dobrzyn a. W. 3200		L.	95 994		
	1 414,5	zus.	109 388	77,3	67,9
Gouv. Plock zus.		St.	96 348		
		Fl.	45 676		
		L.	539 023		
	8 161,9	zus.	681 047	83,4	73,3
					Gouvernement
Lomza		St.[1]	27 343		
		Fl.	13 101		
		L.	83 605		
	1 526,6	zus.	124 049	81,3	71,4
Kolno		St[1]	5 125		
		Fl.	8 488		
		L.	66 904		
	1 234,9	zus.	80 517	65,2	57,3
Masowien		St.[1]	5 137		
St. Tykoczyn 5137		Fl.	13 219		
		L.	67 783		
	1 122,5	zus.	86 139	76,7	67,4
Makow		St.[1]	7 556		
		Fl.	7 672		
		L.	53 384		
	925,1	zus.	68 612	74,2	65,2
Ostrow		St.[1]	12 659		
		Fl.	10 471		
		L.	77 565		
	1 364,0	zus.	100 695	73,8	64,9
Ostrolenka		St.[1]	11 612		
		Fl.	6 709		
		L.	73 822		
	1 312,2	zus.	92 143	70,2	61,7

	von der Bevölkerung (Spalte 3) waren Juden			Prozent	Protestanten 1. 1. 1909	Prozent der 1909 vorhandenen Bevölkerung	Mariaviten 1909	Prozent
St.	4 389	Lipno	2 928	41,8	796	7,6	—	—
Fl.	568		(40,1%)	19,7	151	5,2	—	—
L.	13 86	Dobrzyn	1461	1,4	20 210	21,1	—	—
zus.	6 343		(45,7)%	5,8	21 157	19,4	—	—
St.	45 637			47,4	2 764	2,9	—	—
Fl.	18 890			41,4	538	1,2	13	—
L.	6 697			1,3	46 541	8,6	716	0,1
zus.	71 224			10,5	49 843	7,3	729	0,1
Lomza								
St.	12 088			44,2	339	1,2	—	—
Fl.	6 078			46,4	38	0,3	—	—
L.	6 585			7,9	784	0,9	—	—
zus.	24 751			20,0	1 161	0,9	—	—
St.	2 922			57,0	62	1,2	—	—
Fl.	5 902			69,5	154	1,8	—	—
L.	2 265			3,4	389	0,6	—	—
zus.	11 089			13,8	605	0,7	—	—
St.	2 869			55,9	6	0,1	—	—
Fl.	8 478			64,1	230	1,7	—	—
L.	2 807			4,1	47	0,1	—	—
zus.	14 154			16,4	283	0,3	—	—
St.	4 668			61,8	27	0,3	—	—
Fl.	4 399			57,4	25	0,3	—	—
L.	1 200			2,2	314	0,6	—	—
zus.	10 267			15,0	366	0,5	—	—
St.	7 209			57,0	100	0,8	—	—
Fl.	6 088			58,2	10	0,1	—	—
L.	4 436			5,7	3 335	4,3	—	—
zus.	17 733			17,6	3 445	3,4	—	—
St.	6 219			53,6	146	1,3	—	—
Fl.	4 291			64,0	56	0,8	—	—
L.	1 200			1,6	57	0,1	4	—
zus.	11 710			12,7	259	0,3	4	—

Name des Kreises	Umfang in □ Werst (1909)	Bevölkerung 1909 nach Städten (St.), Flecken (Fl.), auf dem Lande (L.) und zusammen (zus.)		auf die □ Werst entfielen 1909 Köpfe	auf den qkm entfielen 1909 Köpfe
Szczuczyn		St.[1]	4 955		
		Fl.	16 270		
		L.	51 746		
	1 150,3	zus.	72 971	63,4	55,7
Gouv. Lomza zus.		St.	74 387		
		Fl.	75 930		
		L.	474 809		
	8 635,6	zus.	625 126	72,4	63,6
					Gouvernement
Suwalki..............		St.[1]	24 354		
		Fl.	7 643		
		L.	68 704		
	1 313,9	zus.	100 701	76,6	67,3
Augustow		St.[1]	11 797		
		Fl.	11 251		
		L.	66 716		
	1 727,9	zus.	89 764	51,9	45,6
Kalwarja		St.[1]	11 558		
		Fl.	4 505		
		L.	66 950		
	1 147,3	zus.	83 013	72,4	63,6
Marjampol		St.[2]	8 226		
St. Marjampol 5079		Fl.	6 724		
Preny 3147		L.	98 167		
	1 863,0	zus.	113 117	60,7	53,3
Sejny		St.[1]	3 284		
		Fl.	6 304		
		L.	77 991		
	2 009,5	zus.	87 579	43,6	38,3
Wladyslawow		St.[2]	7 044		
St. Wladyslawow 3915		Fl.	405		
Szaki 3129		L.	70 367		
	1 503,6	zus.	77 816	51,8	45,5

von der Bevölkerung (Spalte 3) waren Juden			Prozent	Protestanten 1. 1. 1909	Prozent der 1909 vorhandenen Bevölkerung	Mariaviten 1909	Prozent
St.	2 918		58,9	42	0,8	—	—
Fl.	8 082		49,7	102	0,6	—	—
L.	789		1,5	161	0,3	—	—
zus.	11 789		16,2	305	0,4	—	—
St.	38 893		52,3	722	1,0	—	—
Fl.	43 318		57,0	615	0,8	—	—
L.	19 282		4,1	5 087	1,1	4	—
zus.	101 493		16,3	6 424	1,0	4	—
Suwalki							
St.	13 394		55,0	617	2,5	—	—
Fl.	2 087		27,3	975	12,8	278	3,6
L.	1 248		1,8	5179	7,5	118	0,2
zus.	16 729		16,6	6 771	6,7	196	0,4
St.	6 969		59,1	34	0,3	—	—
Fl.	5 750		51,1	24	0,2	—	—
L.	681		1,0	326	0,5	—	—
zus.	13 400		14,9	384	0,4	—	—
St.	6 598		57,1	410	3,6	—	—
Fl.	1 746		38,7	185	4,1	—	—
L.	1 116		1,7	1 703	2,5	—	—
zus.	9 460		11,4	2 298	2,8	—	—
St.	5 345	Marjampol 3643	65,0	573	7,0	—	—
Fl.	4 288	(71,7%)	63,8	247	3,7	—	—
L.	6 820	Preny 1702	7,0	5 332	5,4	—	—
zus.	16 453	(54,1%)	14,6	6 152	5,4	—	—
St.	1 818		55,4	107	3,3	—	—
Fl.	3 919		62,2	114	1,8	—	—
L.	5 138		6,6	634	0,8	—	—
zus.	10 875		12,4	855	1,0	—	—
St.	4 852	Wladyslawow 2252	68,9	486	6,9	—	—
Fl.	374	(57,5%)	92,3	12	3,0	—	—
L.	816	Szaki 2600	1,1	6 371	9,1	117	0,2
zus.	6 042	(83,1%)	7,8	6 869	8,8	117	0,2

Name des Kreises	Umfang in □ Werst (1909)	Bevölkerung 1909 nach Städten (St.), Flecken (Fl.), auf dem Lande (L.) und zusammen (zus.)		auf die □ Werst entfielen 1909 Köpfe	auf den qkm entfielen 1909 Köpfe
Wilkowyszki		St.[2]	8 936		
St. Wilkowyski 5509		Fl.	5 877		
Wierzbolow 3427		L.	65 931		
	1 103,1	zus.	80 744	73,2	64,3
Gouv. Suwalki zus. ..		St.	75 199		
		Fl.	42 709		
		L.	514 826		
	10 668,3	zus.	632 734	59,3	52,1
					Gouvernement
Siedlec		St.[1]	23 292		
		Fl.	5 218		
		L.	67 748		
	1 136,1	zus.	96 258	84,7	74,1
Biala		St.[1]	16 946		
St. Biala 13 451		Fl.	19 253		
Terespol 3495		L.	55 258		
	1 208,2	zus.	91 457	75,7	66,5
Garwolin		St.[2]	12 429		
St. Garwolin 4801		Fl.	18 502		
Zelechow 7628		L.	119 762		
	1 501,9	zus.	150 693	100,3	88,1
Konstantynow		St.	—		
		Fl.	15 703		
		L.	65 453		
	1 258,9	zus.	81 156	64,5	56,8
Lukow		St.[1]	10 484		
		Fl.	12 586		
		L.	102 694		
	1 632,5	zus.	125 764	77,0	67,1
Radzyn		St.[2]	19 700		
St. Radzyn 7029		Fl.	4 521		
Miendzyrzecz 12 671		L.	79 054		
	1 346,1	zus.	103 275	76,7	67,4

	von der Bevölkerung (Spalte 3) waren Juden		Prozent	Protestanten 1. 1. 1909	Prozent der 1909 vorhandenen Bevölkerung	Mariaviten 1909	Prozent
St.	5 999	Wilkowyszki 4286	67,2	1 467	16,4	—	—
Fl.	1 336	(77,8%)	22,8	1 582	26,9	—	—
L.	266	Wierzbolow 1713	0,4	10 034	15,2	—	—
zus.	7 601	(50,0%)	9,4	13 083	16,2	—	—
St.	44 975		59,8	3 694	4,9	—	—
Fl.	19 500		45,7	3 139	7,3	278	0,7
L.	16 085		3,1	29 579	5,7	235	0,1
zus.	80 560		12,7	36 412	5,8	513	0,1
Siedlec							
St.	13 470		57,8	46	0,2	—	—
Fl.	3 211		61,5	—	—	—	—
L.	2 331		3,4	1 041	1,5	2 049	3,0
zus.	19 012		19,8	1 087	1,1	2 049	2,1
St.	9 436	Biala 6459	55,7	103	0,6	—	—
Fl.	10 016	(48,0%)	52,0	10	0,1	—	—
L.	766	Terespol 2977	1,4	246	0,4	—	—
zus.	20 218	(85,2%)	22,1	359	0,4	—	—
St.	7 210	Garwolin 2269	58,0	15	0,1	—	—
Fl.	9 638	(47,3) %	52,1	8	—	4	—
L.	2 501	Zelechow 4941	2,1	2 837	2,4	663	0,6
zus.	19 349	(66,1%)	12,8	2 860	1,9	667	0,4
St.	—		—	—	—	—	—
Fl.	11 023		70,2	13	0,1	—	—
L.	1 167		1,8	16	—	3	—
zus.	12 190		15,0	29	—	3	—
St.	6 692		63,8	23	0,2	—	—
Fl.	5 232		41,6	27	0,2	—	—
L.	3 350		3,3	938	0,9	123	0,1
zus.	15 274		12,1	988	0,8	123	0,1
St.	13 925	Radzyn 4453	70,7	1	—	—	—
Fl.	2 541	(74,8%)	56,2	—	—	—	—
L.	1 214	Miendzyrzecz 9472	1,5	1 402	1,8	—	—
zus.	17 680	(74,8)%	17,1	1 403	1,4	—	—

Name des Kreises	Umfang in □ Werst (1909)	Bevölkerung 1909 nach Städten (St.), Flecken (Fl.), auf dem Lande (L.) und zusammen (zus.)		auf die □ Werst entfielen 1909 Köpfe	auf den qkm entfielen 1909 Köpfe
Sokolow		St.[1]	9 738		
		Fl.	3 130		
		L.	67 864		
	1 101,2	zus.	80 732	73,3	64,4
Wengrow		St.[1]	11 087		
		Fl.	3 274		
		L.	80 032		
	1 099,1	zus.	94 393	85,9	75,5
Wlodawa.............		St.[2]	17 973		
St. Wlodawa 10 500		Fl.	13 087		
Parczow 7473		L.	88 873		
	1 843,4	zus.	119 933	65,1	57,2
Gouv. Siedlec zus.		St.	121 649		
		Fl.	95 274		
		L.	726 738		
	12 127,4	zus.	943 661	77,8	68,4
					Gouvernement
Lublin		St.[1]	62 222		
		Fl.	21 418		
		L.	125 579		
	1 583,1	zus.	209 219	132,2	116,1
Bilgoraj		St.[1]	7 300		
		Fl.	10 109		
		L.	100 808		
	1 435,5	zus.	118 217	82,4	72,4
Chelm		St.[1]	17 541		
		Fl.	14 807		
		L.	147 534		
	1 759,7	zus.	179 882	102,2	89,8
Hrubieszow		St.[2]	23 167		
St. Hrubieszow 15 876		Fl.	15 006		
Dubienka 7291		L.	102 891		
	1 329,6	zus.	141 064	106,1	93,2

	von der Bevölkerung (Spalte 3) waren Juden		Prozent	Protestanten 1. 1. 1909	Prozent der 1909 vorhandenen Bevölkerung	Mariaviten 1909	Prozent
St.	7 092		72,8	—	—	—	—
Fl.	2 933		93,7	—	—	—	—
L.	1 816		2,7	280	0,4	1	—
zus.	11 841		14,7	280	0,3	1	—
St.	7 605		68,6	130	1,2	—	—
Fl.	399		12,2	4	0,1	—	—
L.	3 567		4,5	2 712	3,4	3 512	4,4
zus.	11 571		12,3	2 846	3,0	3 512	3,7
St.	12 432	Wlodawa 8521	69,2	—	—	—	—
Fl.	6 863	(81,4%)	52,4	—	—	—	—
L.	2 179	Parczow 3911	2,5	4 938	5,6	—	—
zus.	21 474	(52,3)%	17,9	4 938	4,1	—	—
St.	77 862		64,0	318	0,3	—	—
Fl.	51 856		54,4	62	0,1	4	—
L.	18 891		2,6	14 410	2,0	6 351	0,9
zus.	148 609		15,7	14 790	1,6	6 355	0,7
Lublin							
St.	31 607		50,8	1 248	2,0	—	—
Fl.	12 771		59,6	16	0,1	11	0,1
L.	1 627		1,3	2 749	2,2	100	0,1
zus.	46 005		22,0	4 013	1,9	111	0,1
St.	4 339		59,4	3	—	—	—
Fl.	5 386		53,3	—	—	—	—
L.	1 488		1,5	—	—	—	—
zus.	11 213		9,5	3	—	—	—
St.	6 813		38,8	252	1,4	—	—
Fl.	7 781		52,5	69	—	—	—
L.	2 862		1,9	29 367	19,9	—	—
zus.	17 456		9,7	29 688	16,5	—	—
St.	13 688	Hrubieszow 9504	59,1	—	—	—	—
Fl.	7 854	(59,8%)	52,3	29	0,2	—	—
L.	2 354	Dubienka 4184	2,3	751	0,7	—	—
zus.	23 896	(57,4%)	16,9	780	0,6	—	—

Name des Kreises	Umfang in □ Werst 1909	Bevölkerung 1909 nach Städten (St.), Flecken (Fl.), auf dem Lande (L.) und zusammen (zus.)		auf die □ Werst entfielen 1909 Köpfe	auf den qkm entfielen 1909 Köpfe
Janow		St.[2]	13 879		
St. Janow 6450		Fl.	14 370		
Krasnik 7429		L.	109 672		
	1 560,9	zus.	137 921	88,4	77,7
Krasnystaw		St.[1]	8 279		
		Fl.	14 965		
		L.	103 032		
	1 338,9	zus.	126 276	94,3	82,9
Lubartow		St.[3]	12 610		
St. Lubartow 8280		Fl.	11 813		
Lenczna 4330		L.	89 802		
	1 130,7	zus.	114 225	101,0	88,7
Pulawy		St.[1]	8 934		
		Fl.	43 305		
		L.	121 075		
	1 402,1	zus.	173 314	123,6	108,6
Tomaszow		St.[1]	9 484		
		Fl.	13 468		
		L.	93 745		
	1 117,0	zus.	116 697	104,5	91,8
Zamosc		St.[3]	22 340		
St. Zamosc 14 123		Fl.	9 546		
Szczebrzeszyn 8127		L.	114 570		
	1 604,3	zus.	146 456	91,3	80,2
Gouv. Lublin zus.		St.	185 756		
		Fl.	168 807		
		L.	1 108 708		
	14 261,8	zus.	1 463 271	102,6	90,2
Zartum Polen zus.		St.	2 614 859		
		Fl.	1 036 809		
		L.	8 283 650		
	108 180,5	zus.	11 935 318	110,3	96,9

von der Bevölkerung (Spalte 3) waren Juden			Prozent	Protestanten 1. 1. 1909	Prozent der 1909 vorhandenen Bevölkerung	Mariaviten 1909	Prozent
St.	7 311	Janow 3332	52,7	9	0,1	3	—
Fl.	5 548	(50,2%)	38,6	1	—	—	—
L.	1 561	Krasnik 3979	1,4	50	—	—	—
zus.	14 420	(53,5%)	10,5	60	—	3	—
St.	1 921		23,2	4	—	—	—
Fl.	9 411		62,9	—	—	—	—
L.	3 022		2,9	107	0,1	—	—
zus.	14 354		11,4	111	0,1	—	—
St.	7 387	Lubartow 4513	58,6	81	0,6	—	—
Fl.	4 625	(54,5)%	39,2	19	0,2	—	—
L.	1 123	Leczna 2874	1,3	5 045	5,6	6	—
zus.	13 135	(66,0%)	11,5	5 145	4,5	6	—
St.	5 531		61,9	38	0,4	—	—
Fl.	25 929		59,9	266	0,6	—	—
L.	833		0,7	32	—	—	—
zus.	32 293		18,6	336	0,2	—	—
St.	4 327		45,6	—	—	—	—
Fl.	8 264		61,4	—	—	—	—
L.	1 480		1,6	7	—	—	—
zus.	14 071		12,1	7	—	—	—
St.	12 884	Zamosc 9008	57,7	1	—	—	—
Fl.	4 719	(63,8%)	49,4	—	—	—	—
L.	1 734	Szczebrzeszyn 3876	1,5	17	—	—	—
zus.	19 337	(47,7%)	13,2	18	—	—	—
St.	95 808		51,6	1 636	0,9	3	—
Fl.	92 288		54,7	400	0,2	11	—
L.	18 084		1,6	38 125	3,4	106	—
zus.	206 180		14,1	40 161	2,8	120	—
St.	1 051 332		40,2	187 695	7,2	39 506	1,5
Fl.	468 018		45,1	21 221	2,1	2 584	0,2
L.	228 305		2,8	425 733	5,1	30 943	0,4
zus.	1 747 655		14,7	634 649	5,3	73 033	0,6

Anlage II.

Die Verteilung der Kulturen im

Name des Kreises	Umfang im ganzen in Deßjatinen	Davon: unter Gebäuden, Gärten usw. Umfang	Prozent d. Kreisfläche	Pflügbares Land Umfang	Prozent d. Kreisfläche
					Gouvernement
Blonie	94 199	3 729	4,0	63 398	67,3
Warschau	129 196	8 538	6,6	59 389	46,0
Wloclawek	112 168	3 708	3,3	69 775	62,2
Gostynin	106 090	3 180	3,0	66 378	62,6
Grojec	153 816	5 539	3,6	102 200	66,4
Kutno	82 726	2 576	3,1	65 748	79,5
Lowicz	106 562	3 845	3,6	73 332	68,8
Nieszawa	113 670	3 294	2,9	91 001	80,1
Nowo-Minsk	120 425	3 540	2,9	63 893	53,1
Plonsk	123 689	3 989	3,2	94 326	76,3
Pultusk	133 750	5 249	3,9	81 352	60,9
Radzymin	102 895	3 890	3,8	48 966	47,6
Skierniewice	68 685	2 985	4,3	49 017	71,4
Sochaczewo	92 750	2 738	2,9	60 016	64,7
Gouv. Warschau zus.	1 540 621	56 800	3,7	988 791	64,2
					Gouvernement
Wielun	191 875	4 809	2,5	98 757	51,5
Kalisch	128 210	5 462	4,3	80 014	62,4
Kolo	114 264	2 772	2,4	79 151	69,3
Konin	99 184	4 512	4,5	60 202	60,7
Lenczyca	117 813	6 298	5,4	83 624	71,0
Slupce	104 177	2 794	2,7	68 992	66,2
Sieradz	147 226	5 208	3,5	84 306	57,3
Turek	118 107	4 325	3,7	80 375	68,0
Gouv. Kalisch zus.	1 020 856	36 180	3,6	635 421	62,2
					Gouvernement
Jendrzejow	112 831	2 754	2,4	65 429	58,0
Wloszczowa	122 332	3 272	2,7	52 126	42,6
Kielce	169 386	4 185	2,5	61 910	36,5
Miechow	118 812	5 444	4,6	84 626	71,2
Olkusz	121 358	4 056	3,4	64 727	53,3
Pinczow	104 836	4 260	4,1	67 695	64,6
Stopnica	138 362	4 946	3,6	81 848	59,2
Gouv. Kielce zus.	887 917	28 917	3,3	478 361	53,9

Zartum 1894 (in Deßjatinen).

Wiesen Umfang	Wiesen Prozent d. Kreisfläche	Weiden Umfang	Weiden Prozent d. Kreisfläche	Wälder Umfang	Wälder Prozent d. Kreisfläche	Unland Umfang	Unland Prozent d. Kreisfläche
Warschau.							
7 808	8,3	5 869	6,2	10 228	10,8	3 167	3,4
10 348	8,0	16 850	13,0	27 193	21,1	6 878	5,3
7 737	6,9	6 481	5,8	19 573	17,4	4 894	4,4
5 971	5,6	3 715	3,5	22 552	21,3	4 294	4,0
8 181	5,3	11 807	7,7	20 228	13,2	5 861	3,8
4 017	4,9	2 026	2,4	5 445	6,6	2 914	3,5
5 882	5,5	10 535	9,9	8 569	8,1	4 399	4,1
4 988	4,4	4 820	4,2	4 575	4,0	4 992	4,4
11 006	9,1	10 006	8,3	23 978	19,9	8 002	6,7
6 283	5,1	4 945	4,0	10 441	8,4	3 705	3,0
7 367	5,5	5 998	4,5	27 198	20,3	6 586	4,9
8 785	8,5	11 455	11,1	24 647	24,0	5 152	5,0
3 543	5,2	2 826	4,1	7 608	11,1	2 706	3,9
6 044	6,5	4 506	4,9	15 559	16,8	3 887	4,2
97 960	6,3	101 839	6,6	227 794	14,8	67 437	4,4
Kalisch.							
13 845	7,2	15 303	8,0	47 455	24,7	11 706	6,1
7 550	5,9	7 201	5,6	22 073	17,2	5 910	4,6
8 475	7,4	7 441	6,5	11 162	9,8	5 263	4,6
9 598	9,7	3 381	3,4	13 959	14,1	7 532	7,6
9 575	8,1	6 026	5,1	6 293	5,3	5 997	5,1
7 604	7,3	4 519	4,3	15 921	15,3	4 347	4,2
10 362	7,0	12 588	8,6	27 213	18,5	7 549	5,1
7 577	6,4	8 036	6,8	12 173	10,3	5 621	4,8
74 586	7,3	64 495	6,3	156 249	15,3	53 925	5,3
Kielce.							
6 247	5,5	8 756	7,8	24 712	21,9	4 933	4,4
9 162	7,5	8 525	7,0	43 913	35,9	5 334	4,3
13 480	7,9	20 269	12,0	62 098	36,7	7 444	4,4
4 658	3,9	5 919	5,0	13 538	11,4	4 627	3,9
2 682	2,2	8 537	7,0	33 170	27,3	8 186	6,8
9 133	8,7	10 118	9,6	10 691	10,2	2 939	2,8
8 989	6,5	10 221	7,4	26 338	19,0	6 020	4,3
54 351	6,1	72 345	8,1	214 460	24,2	39 483	4,4

Name des Kreises	Umfang im ganzen in Deßjatinen	Davon: unter Gebäuden, Gärten usw.		Pflügbares Land	
		Umfang	Prozent d. Kreisfläche	Umfang	Prozent d. Kreisfläche
				Gouvernement	
Kolno	128 685	3 109	2,7	58 393	44,8
Lomza	158 758	6 267	3,9	80 254	50,6
Masowien	114 582	5 173	4,5	65 532	57,2
Makow	96 485	2 985	3,1	46 240	47,9
Ostrow	142 640	6 159	4,3	67 255	47,2
Ostrolenka	142 419	3 228	2,3	50 731	35,6
Szczuczyn	119 852	3 216	2,7	45 984	38,4
Gouv. Lomza zus.	903 421	30 137	3,3	414 389	45,9
				Gouvernement	
Bilgoraj	144 101	3 879	2,7	62 107	43,1
Hrubieszow	129 633	5 366	4,1	74 391	57,4
Zamosc	168 404	4 846	2,9	78 235	46,5
Krasnystaw	136 990	5 183	3,8	81 507	59,5
Lubartow	118 183	4 353	3,7	65 253	55,2
Lublin	166 506	5 213	3,1	89 460	53,7
Pulawy (Nowo-Alexandrja)	146 990	5 457	3,7	78 563	53,5
Tomaszow	125 196	5 021	4,0	68 893	55,0
Chelm	183 075	6 808	3,7	88 884	48,6
Janow	163 209	5 470	3,4	89 798	55,0
Gouv. Lublin zus.	1 482 287	51 596	3,5	777 091	52,4
				Gouvernement	
Bendzin	123 373	4 793	3,9	63 664	51,6
Brzeziny	101 127	2 799	2,8	73 347	72,5
Lask	127 292	4 124	3,2	80 411	63,2
Lodz	85 583	5 434	6,4	58 521	68,4
Nowo-Radomsk	190 252	5 595	2,9	104 390	54,9
Petrikau	188 231	5 734	3,0	104 131	55,3
Rawa	119 550	3 282	2,7	79 413	66,4
Czenstochau	172 915	4 692	2,7	89 768	51,9
Gouv. Petrikau zus.	1 108 323	36 453	3,3	653 645	59,0
				Gouvernement	
Lipno	147 258	5 157	3,5	87 463	59,4
Mlawa	138 865	4 498	3,3	83 312	60,0
Plock	119 248	3 247	2,7	93 470	78,4

Wiesen		Weiden		Wälder		Unland	
Umfang	Prozent d. Kreisfläche	Umfang	Prozent d. Kreisfläche	Umfang	Prozent d. Kreisfläche	Umfang	Prozent d. Kreisfläche
Lomza							
19 159	14,7	13 705	10,6	28 599	21,3	5 720	5,9
13 876	8,7	16 763	10,6	35 139	22,1	6 459	4,1
10 027	8,7	9 863	8,6	18 411	16,1	5 576	4,9
7 832	8,1	12 174	12,6	24 810	25,7	2 444	2,6
9 612	6,7	11 372	8,0	38 703	27,1	9 539	6,7
19 675	13,8	22 504	15,8	36 453	25,6	9 828	6,9
18 413	15,3	26 632	22,2	19 893	16,6	5 714	4,8
98 594	10,9	113 013	12,5	202 008	22,4	45 280	5,0
Lublin							
13 404	9,3	10 671	7,4	40 261	27,9	13 779	9,6
18 052	13,9	2 604	2,0	26 561	20,5	2 659	2,1
12 520	7,4	7 399	4,4	58 408	34,7	6 996	4,1
8 516	6,2	5 839	4,3	30 300	22,1	5 645	4,1
11 002	9,3	5 981	5,1	25 462	21,5	6 132	5,2
16 262	9,8	7 236	4,3	43 405	26,1	4 930	3,0
8 952	6,1	12 973	8,8	33 962	23,1	7 083	4,8
16 434	13,1	4 050	3,3	28 158	22,5	2 640	2,1
28 400	15,5	11 598	6,3	36 353	19,9	11 032	6,0
5 036	3,1	8 217	5,0	49 096	30,1	5 592	3,4
138 578	9,3	76 568	5,2	371 966	25,1	66 488	4,5
Petrikau							
10 352	8,4	8 036	6,5	31 813	25,8	4 715	3,8
3 353	3,3	2 753	2,7	14 988	14,8	3 887	3,9
8 049	6,3	7 367	5,8	22 155	17,4	5 186	4,1
4 687	5,5	3 961	4,6	10 211	11,9	2 769	3,2
17 054	9,0	12 822	6,7	43 147	22,7	7 244	3,8
11 050	5,9	13 229	7,0	45 875	24,4	8 212	4,4
6 291	5,3	6 214	5,2	20 566	17,2	3 784	3,2
11 075	6,4	15 653	9,1	41 105	23,8	10 622	6,1
71 911	6,5	70 035	6,3	229 860	20,7	46 419	4,2
Plock							
9 004	6,1	9924	6,7	24 406	16,6	11 304	7,7
12 934	9,3	14 076	10,1	17 747	12,8	6 298	4,5
4 915	4,1	5458	4,6	8 159	6,8	3 999	3,4

Name des Kreises	Umfang im ganzen in Deßjatinen	Davon: unter Gebäuden, Gärten usw. Umfang	Prozent d. Kreisfläche	Pflügbares Land Umfang	Prozent d. Kreisfläche
Przasznysz	131 293	2 798	2,1	59 705	45,5
Rypin	113 638	4 812	4,2	69 991	61,6
Sierpec	98 661	2 988	3,0	54 548	55,3
Ciechanow	110 229	2 882	2,6	71 555	64,9
Gouv. Plock zus.	859 192	26 382	3,1	520 044	60,5
Gouvernement					
Ilza	164 474	5 943	3,6	89 302	54,3
Kozienice	162 086	5 587	3,5	85 601	52,8
Konsk	171 510	4 654	2,7	52 649	30,7
Opatow	147 069	5 861	4,0	87 656	59,6
Opoczno	166 477	5 440	3,3	93 129	55,9
Radom	185 006	7 969	4,3	112 608	60,9
Sandomierz	105 638	4 261	4,0	64 503	61,1
Gouv. Radom zus.	1 102 260	39 715	3,6	585 448	53,1
Gouvernement					
Augustow	181 195	4 984	2,7	66 068	36,5
Wladyslawow	157 977	4 285	2,7	81 559	51,6
Wolkowyszki	116 620	4 757	4,1	74 564	63,9
Kalwarja	120 063	4 992	4,1	65 361	54,4
Marjampol	194 439	5 796	3,0	85 796	44,1
Sejny	214 880	4 914	2,3	81 193	37,8
Suwalki	137 793	2 949	2,1	74 047	53,7
Gouv. Suwalki zus.	1 122 967	32 677	2,9	528 588	47,1
Gouvernement					
Biala	128 228	4 171	3,3	62 482	48,7
Wengrow	114 195	3 517	3,1	59 028	51,7
Wlodawa	191 973	5 264	2,7	78 124	40,7
Garwolin	159 409	4 588	2,9	79 102	49,6
Konstantynow	131 133	3 139	2,4	78 507	59,9
Lukow	168 023	5 281	3,1	91 649	54,5
Radzyn	142 408	3 979	2,8	69 332	48,7
Sokolow	115 447	3 695	3,2	58 833	51,0
Siedlec	118 369	3 892	3,3	62 300	52,6
Gouv. Siedlec	1 269 185	37 526	3,0	639 357	50,4
Zartum zus.	11 297 029	376 383	3,3	6 221 135	55,0

Wiesen Umfang	Wiesen Prozent d. Kreisfläche	Weiden Umfang	Weiden Prozent d. Kreisfläche	Wälder Umfang	Wälder Prozent d. Kreisfläche	Unland Umfang	Unland Prozent d. Kreisfläche
14 124	10,7	14 290	10,9	29 527	22,5	10 849	8,3
11 439	10,1	7 372	6,5	15 127	13,3	4 897	4,3
11 963	12,1	13 345	13,5	11 807	12,0	4 010	4,1
8 254	7,5	13 499	12,2	9 652	8,8	4 387	4,0
72 633	8,5	77 964	9,1	116 425	13,5	45 744	5,3
Radom							
6 972	4,2	8 552	5,2	47 929	29,2	5 776	3,5
8 341	5,1	11 660	7,2	42 273	26,1	8 624	5,3
13 197	7,7	9 809	5,7	83 948	49,0	7 253	4,2
5 785	3,9	6 782	4,6	33 805	23,0	7 180	4,9
8 212	4,9	12 405	7,5	38 486	23,1	8 805	5,3
16 640	9,0	17 078	9,2	23 967	13,0	6 744	3,6
6 075	5,8	9 859	9,3	16 062	15,2	4 878	4,6
65 222	5,9	76 145	6,9	286 470	26,0	49 260	4,5
Suwalki							
18 970	10,5	13 333	7,4	67 617	37,3	10 223	5,6
22 373	14,2	10 118	6,4	32 742	20,7	6 900	4,4
17 566	15,1	8 962	7,7	6 178	5,3	4 593	3,9
20 154	16,8	7 403	6,2	17 119	14,3	5 034	4,2
23 871	12,3	12 364	6,3	54 766	28,2	11 846	6,1
18 954	8,9	21 234	9,9	64 712	30,1	23 873	11,1
17 563	12,8	16 595	12,0	13 175	9,6	13 464	9,8
139 451	12,4	90 009	8,0	256 309	22,8	75 933	6,8
Siedlce							
18 859	14,7	11 574	9,0	24 345	19,0	6 797	5,3
12 774	11,2	9 106	8,0	24 017	21,0	5 753	5,0
34 951	18,2	19 403	10,1	45 272	23,6	8 959	4,7
12 161	7,6	17 051	10,7	36 100	22,7	10 407	6,5
12 073	9,2	9 047	6,9	23 366	17,8	5 001	3,8
16 765	10,0	13 532	8,1	33 589	20,0	7 207	4,3
22 473	15,8	9 025	6,3	30 973	21,7	6 626	4,7
11 261	9,8	12 168	10,5	23 683	20,5	5 807	5,0
14 194	12,0	12 089	10,2	20 942	17,7	4 952	4,2
155 511	12,2	112 995	8,9	262 287	20,7	61 509	4,8
968 797	8,6	855 408	7,6	2 323 828	20,6	551 478	4,9

Anlage III.

Grundbesitzverteilung

Name des Kreises		Kleinbesitz²) 1904 Zahl der Stellen	Umfang in Deßjatinen	Prozent d. Kreisfläche	Großgrund- Kronland 1904 Umfang in Deßjatinen	Prozent d. Kreisfläche
					Gouvernement	
Blonie	B.	7 421	44 211	46,9		
	S.	79	785	0,8		
	Fl.	563	1 245	0,13		
	zus.	8 063	46 211	47,83	810	0,9
Warschau	B.	9 163	56 313	43,6		
	S.	—	—	—		
	Fl.	225	842	0,7		
	zus.	9 388	57 155	44,3	13 839	10,7
Wloclawek	B.	5 978	40 517	36,1		
	S.	—	—	—		
	Fl.	809	2 656	2,4		
	zus.	6 787	43 173	38,5	9 832	8,8
Gostynin	B.	7 853	47 845	45,1		
	S.	140	1 679	1,7		
	Fl.	166	501	0,5		
	zus.	8 159	50 025	47,3	5 863	5,5
Grojec	B.	11 366	70 452	45,8		
	S.	38	457	0,3		
	Fl.	1 029	4 061	2,6		
	zus.	12 433	74 970	48,7	531	0,3
Kutno	B.	5 577	24 811	30,0		
	S.	88	1 054	1,3		
	Fl.	397	1 710	2,1		
	zus.	6 062	27 575	33,4	324	0,4
Lowicz	B.	10 122	76 535	71,8		
	S.	—	—	—		
	Fl.	331	1 733	1,6		
	zus.	10 453	78 268	73,4	9	—
Nieszawa	B.	7 974	52 461	46,2		
	S.	—	—	—		
	Fl.	424	2 092	1,8		
	zus.	8 398	54 553	48,0	1 681	1,5

¹) Arbeiten des Warschauer Stat.-Komitees Heft 21 (1905). ²) Die Besitzer sind B. = Bauern
³) St. = Stadtbürger, A. = Andere ⁴) Die Zahl, die hinter der ersten Zahl in Klammern gesetzt

im Zartum Polen¹).

besitz 1904		Sonstige Besitzer³)			Majorate	Privatgüter 1906		
Privatbesitz 1904		1904			1909			
Umfang in Deßjatinen	Prozent d. Kreisfläche		Umfang in Deßjatinen	Prozent d. Kreisfläche	Umfang in Deßjatinen	Zahl⁴)	Umfang in Deßjatinen	Durchschnittsgröße in Deßjatinen
Warschau								
		St.	2 235	2,4				
44 409	47,1	A.	504	0,5	63	123 (16)	40 291	327,5
		St.	2 909	2,3				
53 207	41,2	A.	2 086	1,6	772	143 (13)	41 204	288,1
		St.	1 696	1,5				
57 075	50,9	A.	392	0,3	7 708	131 (66)	49 609	378,7
		St.	6 837	6,4				
43 211	40,7	A.	155	0,1	2 733	64 (13)	39 908	623,6
		St.	1 510	0,9				
73 944	48,2	A.	2 860	1,9	764	177 (17)	64 049	361,9
		St.	319	0,4				
53 917	65,2	A.	591	0,7	1 202	142 (32)	50 234	353,7
		St.	1 182	1,1				
26 774	25,1	A.	329	0,3	—	42 (3)	22 460	534,5
		St.	605	0,5				
55 545	48,9	A.	1 286	1,1	3 334	127 (46)	42 887	337,7

(Anteils- und zugekauftes Land); S. = Kleine Schlachta; Fl. = Einwohner von Flecken.
ist, bedeutet die Anzahl der mit Servituten belasteten Güter.

Name des Kreises		Kleinbesitz 1904			Großgrund- Kronland 1904	
		Zahl der Stellen	Umfang in Deßjatinen	Prozent d. Kreisfläche	Umfang in Deßjatinen	Prozent d. Kreisfläche
Nowo-Minsk	B.	10 179	60 208	50,0		
	S.	586	4 687	3,2		
	Fl.	1 007	4 796	4,0		
	zus.	11 772	69 691	57,2	160	0,1
Plonsk	B.	7 482	58 501	47,3		
	S.	589	12 036	9,7		
	Fl.	329	1 393	1,1		
	zus.	8 400	71 930	58,1	4 105	3,3
Pultusk	B.	9 195	55 479	41,5		
	S.	643	11 620	8,7		
	Fl.	585	1 800	1,4		
	zus.	10 423	68 899	51,6	10 122	7,6
Radzymin	B.	9 135	61 886	60,1		
	S.	255	1 609	1,6		
	Fl.	225	1 500	1,5		
	zus.	9 615	64 995	63,2	1 588	1,5
Skierniewice	B.	5 773	45 166	65,8		
	S.	101	1 874	2,7		
	Fl.	—	—	—		
	zus.	5 874	47 040	68,5	—	—
Sochaczewo	B.	6 955	48 140	51,9		
	S.	—	—	—		
	Fl.	48	96	0,1		
	zus.	7 003	48 236	52,0	9 271	10,0
Gouv. Warschau zusammen	B.	114 173	742 525	48,2		
	S.	2 519	35 801	2,3		
	Fl.	6 138	24 425	1,6		
	zus.	122 830	802 751	52,1	58 135	3,8
					Gouvernement	
Wielun	B.	19 678	98 946	51,6		
	S.	—	—	—		
	Fl.	1 479	3 141	1,6		
	zus.	21 157	102 087	53,2	6 796	3,5
Kalisch	B.	12 086	59 623	46,5		
	S.	—	—	—		
	Fl.	869	2 727	2,1		
	zus.	12 955	62 350	48,6	95	0,1

besitz 1904 Privatbesitz 1904 Umfang in Deßjatinen	Prozent d. Kreisfläche	Sonstige Besitzer 1904	Umfang in Deßjatinen	Prozent d. Kreisfläche	Majorate 1909 Umfang in Deßjatinen	Privatgüter 1906 Zahl	Umfang in Deßjatinen	Durchschnittsgröße in Deßjatinen
		St.	102	0,1				
45 853	38,1	A.	4 619	3,8	461	121 (21)	39 450	326,0
		St.	1 540	1,2				
44 495	36,0	A.	1 619	1,3	3 476	180 (15)	46 003	255,5
		St.	1 358	1,0				
53 261	39,8	A.	110	0,1	7 302	102 (29)	50 330	493,4
		St.	681	0,7				
35 427	34,3	A.	204	0,2	675	90 (9)	31 193	346,6
		St.	1 058	1,5				
19 765	28,8	A.	822	1,2	827	66 (5)	14 659	222,1
		St.	292	0,3				
34 698	37,4	A.	253	0,3	579	67 (9)	31 429	469,1
		St.	22 324	1,5				
641 581	41,6	A.	15 830	1,0	29 896	1575 (294)	563 706	357,9
Kalisch								
		St.	1 248	0,7				
81 316	42,4	A.	428	0,2	9 871	117 (52)	60 696	518,8
		St.	2 014	1,6				
62 891	49,1	A.	860	0,7	90	113 (61)	53 138	470,2

Name des Kreises		Kleinbesitz 1904 Zahl der Stellen	Kleinbesitz 1904 Umfang in Deßjatinen	Kleinbesitz 1904 Prozent d. Kreisfläche	Großgrund- Kronland 1904 Umfang in Deßjatinen	Großgrund- Kronland 1904 Prozent d. Kreisfläche
Kolo	B.	9 728	59 410	52,0		
	S.	—	—	—		
	Fl.	1 224	35 07	3,1		
	zus.	10 952	62 917	55,1	2141	1,9
Konin	B.	11 397	61 365	61,9		
	S.	—	—	—		
	Fl.	839	1 866	1,9		
	zus.	12 236	63 231	63,8	304	0,3
Lenczyca	B.	9 896	55 594	47,2		
	S.	—	—	—		
	Fl.	545	1 292	1,1		
	zus.	10 441	56 886	48,3	546	0,5
Slupce	B.	7 652	48 388	46,4		
	S.	—	—	—		
	Fl.	1 163	6 684	6,4		
	zus.	8 815	55 072	52,8	—	—
Sieradz	B.	16 104	7 3769	50,1		
	S.	—	—	—		
	Fl.	591	1 895	1,3		
	zus.	16 695	75 664	51,4	6 764	4,6
Turek	B.	13 017	65 894	55,8		
	S.	—	—	—		
	Fl.	523	11 40	1,0		
	zus.	13 540	67 034	56,8	774	0,7
Gouv. Kalisch zusammen	B.	99 558	522 989	51,2		
	S.	—	—	—		
	Fl.	7 233	22 252	2,2		
	zus.	106 791	545 241	53,4	17 420	1,7
					Gouvernement	
Jendrzejow	B.	13 643	56 028	49,7		
	S.	—	—	—		
	Fl.	1 568	5 434	4,8		
	zus.	15 211	61 462	54,5	5 658	5,0
Wloszczowa	B.	12 411	56 430	46,1		
	S.	—	—	—		
	Fl.	1 630	4 269	3,5		
	zus.	14 041	60 699	49,6	4 382	3,6

besitz 1904		Sonstige Besitzer			Majorate	Privatgüter 1906		
Privatbesitz 1904		1904			1909			
Umfang in Deßjatinen	Prozent d. Kreisfläche		Umfang in Deßjatinen	Prozent d. Kreisfläche	Umfang in Deßjatinen	Zahl	Umfang in Deßjatinen	Durchschnittsgröße in Deßjatinen
		St.	1 429	1,3				
47 621	41,7	A.	156	0,1	5 882	110 (14)	35 232	320,3
		St.	1 031	1,0				
34 500	34,8	A.	118	0,1	73	64 (10)	29 617	462,8
		St.	1 504	1,3				
58 604	49,7	A.	273	0,2	4 441	164 (25)	46 956	286,3
		St.	1 091	1,1				
47 838	45,9	A.	176	0,2	1 085	97 (22)	42 708	440,3
		St.	3 154	2,2				
61 418	41,7	A.	226	0,2	4 268	129 (55)	47 579	368,9
		St.	942	0,8				
48 807	41,3	A.	550	0,4	5 160	84 (18)	35 314	420,4
		St.	12 413	1,2				
442 995	43,4	A.	2 787	0,3	30 870	878 (257)	351 240	400,0
Kielce								
		St.	—	—				
45 477	40,3	A.	234	0,2	3 522	82 (12)	35 709	435,5
		St.	—	—				
57 124	46,7	A.	127	0,1	1 688	62 (25)	58 530	944,0

Name des Kreises		Kleinbesitz 1904 Zahl der Stellen	Kleinbesitz 1904 Umfang in Deßjatinen	Kleinbesitz 1904 Prozent d. Kreisfläche	Großgrund- Kronland 1904 Umfang in Deßjatinen	Großgrund- Kronland 1904 Prozent d. Kreisfläche
Kielce	B.	18 744	85 822	50,7		
	S.	—	—	—		
	Fl.	1 108	2 667	1,6		
	zus.	19 852	88 489	52,3	47 841	28,2
Miechow	B.	18 986	65 420	55,1		
	S.	—	—	—		
	Fl.	940	1 398	1,2		
	zus.	19 926	66 818	56,3	2 658	2,2
Olkusz	B.	15 523	72 137	59,4		
	S.	29	152	0,1		
	Fl.	2 319	8 383	6,9		
	zus.	17 871	80 672	66,4	10 225	8,4
Pinczow	B.	17 662	52 037	49,6		
	S.	—	—	—		
	Fl.	653	1 198	1,1		
	zus.	18 315	53 235	50,7	453	0,4
Stopnica	B.	20 921	75 567	54,6		
	S.	—	—	—		
	Fl.	1 909	4 092	3,0		
	zus.	22 830	79 659	57,6	5 485	4,0
Gouv. Kielce zusammen	B.	117 890	463 441	52,2		
	S.	29	152	—		
	Fl.	10 127	27 441	3,1		
	zus.	128 046	491 034	55,2	76 702	8,6
						Gouvernement
Kolno	B.	8 279	55 707	43,3		
	S.	23 34	32 744	25,5		
	Fl.	352	326	0,3		
	zus.	10 965	88 777	69,1	22 043	17,1
Lomza	B.	5 020	32 370	20,4		
	S.	5 881	71 443	45,0		
	Fl.	1 148	5 477	3,5		
	zus.	12 049	109 290	68,9	7 806	4,9
Masowiek	B.	3 461	18 784	16,4		
	S.	6 837	74 214	64,8		
	Fl.	695	1 679	1,5		
	zus.	10 993	94 677	82,7	56	—

besitz 1904 Privatbesitz 1904 Umfang in Deßjatinen	Prozent d. Kreisfläche	Sonstige Besitzer 1904	Umfang in Deßjatinen	Prozent d. Kreisfläche	Majorate 1909 Umfang in Deßjatinen	Privatgüter 1906 Zahl	Umfang in Deßjatinen	Durchschnittsgröße in Deßjatinen
		St.	2 382	1,4				
29 949	17,7	A.	725	0,4	6 925	66 (10)	17 218	260,9
		St.	659	0,6				
48 102	40,5	A.	575	0,5	7 398	132 (22)	38 458	292,0
		St.	4 182	3,4				
25 403	20,9	A.	876	0,7	4 490	52 (7)	18 509	355,9
		St.	1 092	1,0				
49 914	47,6	A.	142	0,1	5 558	109 (20)	37 594	344,9
		St.	622	0,5				
52 419	37,9	A.	177	0,1	5 090	103 (52)	45 100	437,9
		St.	8 937	1,1				
308 388	34,7	A.	2 856	0,3	34 651	606 (148)	251 118	414,5
Lomza								
		St.	2 071	1,7				
15 758	12,2	A.	36	0,0	3 608	13 (8)	12 883	991,0
		St.	1 677	1,1				
39 720	25,1	A.	265	0,2	5 882	118 (35)	38 299	324,6
		St.	28 61	2,5				
16 505	14,4	A.	483	0,4	—	50 (24)	22 857	457,1

Name des Kreises		Kleinbesitz 1904 Zahl der Stellen	Kleinbesitz 1904 Umfang in Deßjatinen	Kleinbesitz 1904 Prozent d. Kreisfläche	Großgrund- Kronland 1904 Umfang in Deßjatinen	Großgrund- Kronland 1904 Prozent d. Kreisfläche
Makow	B.	4 108	28 682	29,7		
	S.	2 737	36 757	38,1		
	Fl.	328	1 467	1,5		
	zus.	7 173	66 906	69,3	4 743	4,9
Ostrow	B.	8 526	53 369	37,4		
	S.	2 654	29 495	20,7		
	Fl.	1 128	3 150	2,2		
	zus.	12 308	86 014	60,3	28 009	19,6
Ostrolenka	B.	7 985	63 773	44,8		
	S.	2 389	33 947	23,8		
	Fl.	339	911	0,6		
	zus.	10 713	98 631	69,2	24 963	17,5
Szczuczyn	B.	4 358	27 271	22,8		
	S.	2 126	40 793	34,1		
	Fl.	1 286	5 295	4,4		
	zus.	7 770	73 359	61,3	22 913	19,1
Gouv. Lomza zusammen	B.	41 737	279 956	31,0		
	S.	24 958	319 393	35,4		
	Fl.	5 276	18 305	2,0		
	zus.	71 971	617 654	68,4	110 533	12,2
					Gouvernement	
Bilgoraj	B.	14 027	78 720	54,6		
	S.	—	—	—		
	Fl.	1 077	2 098	2,5		
	zus.	15 104	80 818	57,1	3 089	2,1
Hrubieszow	B.	13 062	55 135	42,5		
	S.	9	71	0,1		
	Fl.	1 072	3 719	2,9		
	zus.	14 143	58 925	45,5	2 314	1,8
Zamosc	B.	13 067	76 053	45,2		
	S.	43	138	0,1		
	Fl.	971	1 865	1,1		
	zus.	14 081	78 056	46,4	—	—
Krasnystaw	B.	13 088	64 288	46,9		
	S.	126	881	0,6		
	Fl.	1 658	2 746	2,0		
	zus.	14 872	67 915	49,5	1 467	1,1

besitz 1904 Privatbesitz 1904 Umfang in Deßjatinen	Prozent d. Kreisfläche	Sonstige Besitzer 1904 Umfang in Deßjatinen	Prozent d. Kreisfläche	Majorate 1909 Umfang in Deßjatinen	Privatgüter 1906 Zahl	Umfang	Durchschnittsgröße in Deßjatinen
24 304	25,2	St. 471 A. 61	0,5 0,1	3 432	34 (10)	20 553	604,5
24 347	17,1	St. 3 561 A. 709	2,5 0,5	4 863	60 (13)	16 132	268,9
17 395	12,2	St. 1 376 A. 54	1,0 0,0	1 503	15 (4)	12 452	830,1
22 964	19,2	St. 545 A. 71	0,5 0,1	2 369	50 (31)	21 902	438,0
160 993	17,8	St. 12 562 A. 1 679	1,4 0,2	21 657	340 (125)	145 078	426,7
Lublin							
56 096	38,9	St. 1 231 A. 2 867	0,9 2,0	1 608	26 (16)	55 729	2143,4
64 293	49,6	St. 2 037 A. 2 064	1,6 1,6	—	93 (21)	64 747	696,2
86 434	51,3	St. 2 963 A. 951	1,8 0,6	204	58 (36)	57 121	985,5
64 432	47,0	St. 2 660 A. 516	1,9 0,4	3 907	69 (27)	54 277	786,6

Name des Kreises		Kleinbesitz 1904 Zahl der Stellen	Kleinbesitz 1904 Umfang in Deßjatinen	Kleinbesitz 1904 Prozent d. Kreisfläche	Großgrund- Kronland 1904 Umfang in Deßjatinen	Großgrund- Kronland 1904 Prozent d. Kreisfläche
Lubartow	B.	14 057	76 649	64,9		
	S.	25	321	0,3		
	Fl.	1 231	5 187	4,4		
	zus.	15 313	82 157	69,6	2 319	2,0
Lublin	B.	16 213	89 923	54,0		
	S.	—	—	—		
	Fl.	1 314	3 261	2,0		
	zus.	17 527	93 184	56,0	2 461	1,5
Pulawy	B.	16 982	85 773	58,7		
	S.	84	611	0,4		
	Fl.	2 645	7 492	5,1		
	zus.	19 711	93 876	64,2	3 866	2,6
Tomaszow...........	B.	13 773	61 046	48,8		
	S.	7	61	0,1		
	Fl.	1 398	2 362	1,9		
	zus.	15 178	63 469	50,8	—	—
Chelm	B.	18 885	101 531	55,5		
	S.	—	—	—		
	Fl.	1 079	3 980	2,2		
	zus.	19 964	105 511	57,7	6 845	3,7
Janow..............	B.	17 383	91 532	56,1		
	S.	34	129	0,1		
	Fl.	1 224	4 018	2,5		
	zus.	18 641	95 679	58,7	2 207	1,4
Gouv. Lublin zusammen.....	B.	150 537	780 650	52,7		
	S.	328	2 212	0,2		
	Fl.	13 669	36 728	2,5		
	zus.	164 534	819 590	55,4	24 568	1,7
					Gouvernement	
Bendzin.............	B.	20 272	76 990	62,4		
	S.	—	—	—		
	Fl.	3 098	9 082	7,4		
	zus.	23 370	86 072	69,8	11 927	9,7
Brzeziny	B.	8 763	55 994	55,4		
	S.	5	154	0,2		
	Fl.	697	2 504	2,5		
	zus.	9 465	58 652	58,1	2 380	2,3

besitz 1904 Privatbesitz 1904 Umfang in Deßjatinen	Prozent d. Kreisfläche	Sonstige Besitzer 1904 Umfang in Deßjatinen		Prozent d. Kreisfläche	Majorate 1909 Umfang in Deßjatinen	Privatgüter 1906 Zahl	Umfang	Durchschnittsgröße in Deßjatinen
		St.	2 041	1,7				
31 572	26,7	A.	94	0,1	528	43 (14)	32 278	750,6
		St.	783	0,5				
68 478	41,1	A.	1 600	1,0	6 760	104 (4)	53 096	510,5
		St.	—	—				
48 787	33,0	A.	461	0,3	3 028	47 (9)	40 777	867,6
		St.	1 665	1,3				
58 210	46,5	A.	1 852	1,5	—	78 (24)	42 003	538,5
		St.	1 653	0,9				
66 870	36,5	A.	2 196	1,2	6 759	74 (22)	56 098	758,1
		St.	3 967	2,4				
61 140	37,5	A.	216	0,1	3 178	59 (12)	62 196	1054,2
		St.	19 000	1,3				
106 312	40,8	A.	12 817	0,8	25 972	651 (185)	518 322	796,2
Petrikau								
		St.	483	0,4				
24 331	19,7	A.	560	0,4	3 272	71 (10)	18 691	263,2
		St.	21 71	2,1				
37 706	37,3	A.	218	0,2	6 163	68 (5)	22 400	329,4

Name des Kreises		Kleinbesitz 1904 Zahl der Stellen	Kleinbesitz 1904 Umfang in Deßjatinen	Kleinbesitz 1904 Prozent d. Kreisfläche	Großgrund- Kronland 1904 Umfang in Deßjatinen	Großgrund- Kronland 1904 Prozent d. Kreisfläche
Lask	B.	13 015	61 955	48,6		
	S.	749	5 441	4,3		
	Fl.	903	3 902	3,1		
	zus.	14 667	71 298	56,0	4 861	3,8
Lodz	B.	8 213	49 117	57,4		
	S.	119	681	0,8		
	Fl.	1 552	4 435	5,2		
	zus.	9 884	54 233	63,4	430	0,5
Nowo-Radomsk	B.	20 746	91 478	48,1		
	S.	145	973	0,5		
	Fl.	1 057	3 157	1,6		
	zus.	21 948	95 608	50,2	4 302	2,3
Petrikau	B.	17 726	96 773	51,4		
	S.	357	2 296	1,2		
	Fl.	1 385	5 731	3,0		
	zus.	19 468	104 800	55,6	11 896	6,3
Rawa	B.	9 096	62 181	52,0		
	S.	10	107	0,1		
	Fl.	604	1 903	1,6		
	zus.	9 710	64 191	53,7	—	—
Czenstochau	B.	15 636	89 106	51,6		
	S.	—	—	—		
	Fl.	1 912	8 376	4,8		
	zus.	17 548	97 482	56,4	15 539	9,0
Gouv. Petrikau zusammen	B.	113 467	583 594	52,7		
	S.	1 385	9 652	0,9		
	Fl.	11 208	39 090	3,5		
	zus.	126 060	632 336	57,1	51 335	4,6
					Gouvernement	
Lipno	B.	8 466	60 800	41,3		
	S.	195	4 582	3,1		
	Fl.	456	3 129	2,1		
	zus.	9 117	68 511	46,5	3 433	2,3
Mlawa	B.	7 135	48 790	35,1		
	S.	1 590	25 653	18,6		
	Fl.	566	2 454	1,8		
	zus.	9 291	76 897	55,5	167	0,1

besitz 1904 Privatbesitz 1904 Umfang in Deßjatinen	Prozent d. Kreisfläche	Sonstige Besitzer 1904 Umfang in Deßjatinen	Prozent d. Kreisfläche	Majorate 1909 Umfang in Deßjatinen	Privatgüter 1906 Zahl	Umfang in Deßjatinen	Durchschnittsgröße in Deßjatinen
		St. 1 588	1,3				
49 321	38,7	A. 224	0,2	2 474	111 (59)	42 106	379,9
		St. 4 259	5,0				
26 221	30,6	A. 440	0,5	2 631	64 (3)	19 883	310,7
		St. 2 255	1,2				
87 492	46,0	A. 595	0,3	4 187	124 (44)	79 707	642,8
		St. 2 558	1,4				
68 469	36,4	A. 508	0,3	9 365	104 (29)	48 404	465,4
		St. 2 682	2,3				
52 481	43,8	A. 196	0,2	—	96 (14)	50 244	523,4
		St. 1 432	0,8				
57 743	33,4	A. 719	0,4	9 625	58 (18)	37 022	638,3
		St. 17 428	1,6				
403 764	36,4	A. 3 460	0,3	37 717	696 (182)	318 457	457,6
Plock							
		St. 1 160	0,8				
73 745	50,1	A. 409	0,3	605	174 (112)	71 012	408,1
		St. 1 313	0,9				
60 256	43,3	A. 232	0,2	—	170 (39)	60 446	355,6

Name des Kreises		Kleinbesitz 1904 Zahl der Stellen	Kleinbesitz 1904 Umfang in Deßjatinen	Kleinbesitz 1904 Prozent d. Kreisfläche	Großgrund- Kronland 1904 Umfang in Deßjatinen	Großgrund- Kronland 1904 Prozent d. Kreisfläche
Plock	B.	7 425	43 541	36,9		
	S.	446	9 742	8,2		
	Fl.	368	1 191	1,0		
	zus.	8 239	54 474	46,1	2 184	1,9
Przasznysz	B.	4 383	40 129	30,5		
	S.	1 878	34 966	26,6		
	Fl.	515	2 087	1,6		
	zus.	6 776	77 182	58,7	16 480	12,6
Rypin	B.	7 105	47 790	42,0		
	S.	144	2 160	1,9		
	Fl.	258	540	0,5		
	zus.	7 507	50 490	44,4	1 213	1,1
Sierpec	B.	6 651	41 072	41,6		
	S.	918	16 726	17,0		
	Fl.	924	3 719	3,8		
	zus.	8 493	61 517	62,4	39	0,0
Ciechanow	B.	5 189	31 831	28,9		
	S.	1 791	30 653	27,8		
	Fl.	—	—	—		
	zus.	6 980	62 484	56,7	148	0,1
Gouv. Plock zusammen	B.	46 354	313 953	36,6		
	S.	6 962	124 482	14,5		
	Fl.	3 087	13 120	1,5		
	zus.	56 403	451 555	52,6	23 664	2,7
Gouvernement						
Ilza	B.	17 968	93 813	57,0		
	S.	—	—	—		
	Fl.	3 314	9 680	5,9		
	zus.	21 282	103 493	62,9	13 919	8,5
Kozienice	B.	16 070	95 485	59,0		
	S.	—	—	—		
	Fl.	1 844	7 098	4,4		
	zus.	17 914	102 583	63,4	19 848	12,1
Konsk	B.	19 571	68 546	39,8		
	S.	—	—	—		
	Fl.	1 134	2 500	1,5		
	zus.	20 705	71 046	41,3	22 472	13,1

besitz 1904 Privatbesitz 1904 Umfang in Deßjatinen	Prozent d. Kreisfläche	Sonstige Besitzer 1904 Umfang in Deßjatinen	Prozent d. Kreisfläche	Majorate 1909 Umfang in Deßjatinen	Privatgüter 1906 Zahl	Umfang in Deßjatinen	Durchschnittsgröße in Deßjatinen
60 394	50,1	St. 1 862 A. 334	1,6 0,3	4 341	241 (70)	56 325	233,7
35 639	27,1	St. 1 914 A. 78	1,5 0,1	300	120 (49)	32 405	270,0
61 085	53,7	St. 674 A. 176	0,6 0,2	242	150 (93)	62 811	418,7
35 691	36,2	St. 1 313 A. 101	1,3 0,1	1 033	150 (18)	40 010	266,7
46 342	42,0	St. 939 A. 316	0,9 0,3	1 165	115 (39)	34 590	300,8
373 152	43,4	St. 9 175 A. 1 646	1,1 0,2	7 686	1120 (420)	357 599	319,3
Radom							
46 705	28,4	St. — A. 357	— 0,2	7 388	54 (3)	21 410	396,5
38 570	23,8	St. 838 A. 247	0,5 0,2	11 560	59 (3)	26 038	441,3
74 051	43,3	St. 3 037 A. 904	1,8 0,5	2 311	62 (19)	71 422	1152,0

Name des Kreises		Kleinbesitz 1904 Zahl der Stellen	Kleinbesitz 1904 Umfang in Deßjatinen	Kleinbesitz 1904 Prozent d. Kreisfläche	Großgrund-Kronland 1904 Umfang in Deßjatinen	Großgrund-Kronland 1904 Prozent d. Kreisfläche
Opatow	B.	14 425	69 419	47,2		
	S.	—	—	—		
	Fl.	2 736	8 042	5,5		
	zus.	17 161	77 461	52,7	5 073	3,4
Opoczno	B.	17 526	98 380	59,1		
	S.	—	—	—		
	Fl.	1 328	3 617	2,2		
	zus.	18 854	101 997	61,3	10 431	6,3
Radom	B.	20 616	124 022	67,0		
	S.	—	—	—		
	Fl.	1 745	7 210	3,9		
	zus.	22 361	131 232	70,9	9 023	4,9
Sandomierz	B.	12 482	52 754	50,0		
	S.	—	—	—		
	Fl.	1 865	3 535	3,4		
	zus.	14 347	56 289	53,4	1 812	1,7
Gouv. Radom zusammen	B.	118 658	602 419	54,6		
	S.	—	—	—		
	Fl.	13 966	41 682	3,8		
	zus.	132 624	644 101	58,4	82 578	7,5
					Gouvernement	
Augustow	B.	8 325	73 510	40,5		
	S.	211	2 498	1,4		
	Fl.	618	6 702	3,7		
	zus.	9 154	82 710	45,6	57 970	32,0
Wladyslawow	B.	7 698	106 971	67,7		
	S.	13	206	0,1		
	Fl.	39	5	—		
	zus.	7750	107 182	67,8	21 237	13,5
Wolkowyszki	B.	6 696	71 437	61,2		
	S.	—	—	—		
	Fl.	340	2 897	2,2		
	zus.	7 036	74 334	63,4	967	0,8
Kalwarja	B.	7 127	74 786	62,3		
	S.	—	—	—		
	Fl.	506	1 548	1,3		
	zus.	7 633	76 334	63,6	8 954	7,4

besitz 1904 Privatbesitz 1904 Umfang in Deßjatinen	 Prozent d. Kreisfläche	Sonstige Besitzer 1904 Umfang in Deßjatinen	 Prozent d. Kreisfläche	Majorate 1909 Umfang in Deßjatinen	Privatgüter 1906 Zahl	 Umfang in Deßjatinen	 Durchschnittsgröße in Deßjatinen
		St. 1 162	0,8				
62 290	42,4	A. 1 083	0,7	4 972	120 (15)	48 592	404,9
		St. 2 440	1,5				
51 377	30,8	A. 232	0,1	1 691	95 (19)	37 967	399,7
		St. 644	0,4				
43 867	23,7	A. 240	0,1	8 023	92 (4)	28 530	310,1
		St. 2 018	1,9				
44 549	42,1	A. 970	0,9	7 132	125 (14)	34 353	274,8
		St. 10 139	0,9				
361 409	32,8	A. 4 033	0,4	43,077	607 (77)	268 312	442,0
Suwalki							
		St. 8 640	4,8				
31 348	17,3	A. 527	0,3	7 903	65 (30)	20 362	313,3
		St. 865	0,6				
28 623	18,1	A. 70	—	1 864	28 (2)	23 026	822,4
		St. 3 025	2,6				
38 044	32,7	A. 250	0,2	15 020	54 (13)	22 633	419,1
		St. 1 093	0,9				
33 567	28,0	A. 115	0,1	13 966	66 (13)	16 600	251,5

Name des Kreises		Kleinbesitz 1904 Zahl der Stellen	Kleinbesitz 1904 Umfang in Deßjatinen	Kleinbesitz 1904 Prozent d. Kreisfläche	Großgrund- Kronland 1904 Umfang in Deßjatinen	Großgrund- Kronland 1904 Prozent d. Kreisfläche
Marjampol	B.	11 681	102 773	52,8		
	S.	—	—	—		
	Fl.	627	1 163	0,6		
	zus.	12 308	103 936	53,4	48 154	24,8
Sejny	B.	10 081	103 908	48,4		
	S.	87	1 363	0,6		
	Fl.	629	2 107	1,0		
	zus.	10 797	107 378	50,0	49 249	22,9
Suwalki	B.	10 002	91 480	66,3		
	S.	—	—	—		
	Fl.	987	6 006	4,4		
	zus.	10 989	97 486	70,7	17 717	12,9
Gouv. Suwalki zusammen	B.	61 610	624 865	55,6		
	S.	311	4 067	0,4		
	Fl.	3 746	20 428	1,8		
	zus.	65 667	649 360	57,8	204 248	18,2
					Gouvernement	
Biala	B.	7 595	61 561	48,0		
	S.	515	6 495	5,1		
	Fl.	2 245	13 757	10,7		
	zus.	10 355	81 813	63,8	3 593	2,8
Wengrow	B.	8 972	51 070	44,7		
	S.	2 443	17 764	15,6		
	Fl.	381	2 893	2,5		
	zus.	11 796	71 727	62,8	—	—
Wlodawa	B.	13 404	98 663	51,4		
	S.	479	6 733	3,5		
	Fl.	1 763	10 296	5,4		
	zus.	15 646	115 692	60,3	8 124	4,2
Garwolin	B.	16 029	94 091	59,0		
	S.	—	—	—		
	Fl.	1 756	6 417	4,0		
	zus.	17 785	100 508	63,0	25	—
Konstantynow	B.	9 038	61 720	47,0		
	S.	1 132	10 862	8,3		
	Fl.	1 344	4 212	3,2		
	zus.	11 514	76 794	58,5	2 842	2,2

besitz 1904 Privatbesitz 1904 Umfang in Deßjatinen	Prozent d. Kreisfläche	Sonstige Besitzer 1904 Umfang in Deßjatinen		Prozent d. Kreisfläche	Majorate 1909 Umfang in Deßjatinen	Privatgüter 1906 Zahl	Umfang in Deßjatinen	Durchschnittsgröße in Deßjatinen
		St.	697	0,4				
40 856	21,0	A.	796	0,4	8 598	67 (6)	26 064	389,0
		St.	417	0,2				
57 700	26,8	A.	136	0,1	3 266	106 (38)	41 660	393,0
		St.	3 285	2,4				
19 018	13,8	A.	287	0,2	9 348	41 (6)	7 511	183,2
		St.	18 022	1,6				
249 156	22,2	A.	2 181	0,2	59 965	427 (108)	157 856	369,7
Siedler								
		St.	2 013	1,6				
38 019	29,6	A.	2 790	2,2	4 147	53 (19)	26 239	495,1
		St.	3 037	2,7				
38 705	33,9	A.	726	0,6	58	42 (11)	36 509	869,3
		St.	5 943	3,1				
60 071	31,3	A.	2 143	1,0	10 651	65 (22)	48 681	748,9
		St.	1 531	1,0				
56 459	35,4	A.	886	0,6	3 833	89 (13)	45 458	510,8
		St.	—	—				
49 164	37,5	A.	2 333	1,8	4 846	61 (9)	37 267	610,9

Name des Kreises		Kleinbesitz 1904			Großgrund- Kronland 1904	
		Zahl der Stellen	Umfang in Deßjatinen	Prozent d. Kreisfläche	Umfang in Deßjatinen	Prozent d. Kreisfläche
Lukow	B.	14 881	83 940	49,9		
	S.	2 970	26 053	15,5		
	Fl.	1 138	5 198	3,1		
	zus.	18 989	115 191	68,5	5 133	3,1
Radzyn	B.	10 336	69 249	48,6		
	S.	842	4 930	3,5		
	Fl.	328	2 431	1,7		
	zus.	11 506	76 610	53,8	778	0,5
Sokolow	B.	7 383	32 049	27,8		
	S.	4 326	41 725	36,1		
	Fl.	39	12	—		
	zus.	11 748	73 786	63,9	151	0,1
Siedlec	B.	6 899	41 357	34,9		
	S.	3 794	41 419	35,0		
	Fl.	551	3 680	3,1		
	zus.	11 244	86 456	73,0	137	0,1
Gouv. Siedlec zusammen	B.	94 537	593 700	46,8		
	S.	16 501	155 981	12,3		
	Fl.	9 545	48 896	3,9		
	zus.	120 583	798 577	63,0	20 783	1,6
Zartum zusammen	B.	958 521	5 508 092	48,8		
	S.	52 993	651 740	5,8		
	Fl.	83 995	292 367	2,6		
	zus.	1 095 509	6 452 199	57,2	669 966	5,9

besitz 1904 Privatbesitz 1904 Umfang in Deßjatinen	Prozent d. Kreisfläche	Sonstige Besitzer 1904 Umfang in Deßjatinen	Prozent d. Kreisfläche	Majorate 1909 Umfang in Deßjatinen	Privatgüter 1906 Zahl	Umfang in Deßjatinen	Durchschnittsgröße in Deßjatinen
45 173	26,9	St. 2 244 A. 282	1,3 0,2	12 089	57 (6)	33 317	584,5
58 731	41,3	St. 5 094 A. 1 195	3,6 0,8	1 567	54 (19)	51 058	945,5
37 691	32,7	St. 2 796 A. 1 023	2,4 0,9	—	46 (5)	37 096	806,4
29 823	25,2	St. 780 A. 1 173	0,7 1,0	5 511	50 (12)	22 233	444,7
413 836	32,6	St. 234 38 A. 12 551	1,8 1,0	42 702	517 (116)	337 858	653,5
3961 586	35,1	St. 153 438 A. 59 840	1,3 0,5	334 193	7417 (1912)	3269 546	440,8

FSC
www.fsc.org
MIX
Papier | Fördert gute Waldnutzung
FSC® C083411

Kolibri 360 GmbH
Ferdinand-Jühlke-Straße 7
99095 Erfurt, Deutschland
produktsicherheit@kolibri360.de